姜旭南　邢群麟/著

带着指南回大唐

文化发展出版社
Cultural Development Press
·北京·

图书在版编目（CIP）数据

带着指南回大唐 / 姜旭南，邢群麟著 . — 北京：
文化发展出版社，2025. 2. — ISBN 978-7-5142-4570-7

Ⅰ . K242.09

中国国家版本馆 CIP 数据核字第 202461BV92 号

带着指南回大唐

著　　者：姜旭南　邢群麟

责任编辑：王　梓　　　　　　特约编辑：贾　娟
责任印制：杨　骏　　　　　　责任校对：岳智勇　马　瑶
图文制作：贾　娟　盛小云　　封面设计：韩　立
出版发行：文化发展出版社（北京市翠微路 2 号 邮编：100036）
发行电话：010-88275993　010-88275711
网　　址：www.wenhuafazhan.com
经　　销：全国新华书店
印　　刷：河北松源印刷有限公司

开　　本：720mm×1000mm　1/16
字　　数：190 千字
印　　张：13
版　　次：2025 年 2 月第 1 版
印　　次：2025 年 2 月第 1 次印刷

定　　价：49.80 元
Ｉ Ｓ Ｂ Ｎ：978-7-5142-4570-7

◆ 如有印装质量问题，请电话联系：010-58815874

"九天阊阖开宫殿，万国衣冠拜冕旒。"对于唐朝，《中国通史》这样评价："这是中国文化最富有积极进取精神和博大胸怀的时代，对于当时那种无所不在的宏大开阔、昂扬向上的精神，人们习惯于称之为'盛唐气象'。"

唐朝开放的胸襟、奔放的态度以及繁荣的盛世气象并不仅仅在文人的指尖笔端，而更多地体现在大唐百姓的日常生活中。家家户户丰富而富有烟火气的生活，就像星星一样点缀在盛世王朝的上空，共同铺陈出一副绝美的盛世华韵图。

长安的东西两市是商户的聚集地。东市属于高端消费场所，达官显贵大多居住在此地。西市比较接地气，百姓更愿意去西市购物。在这里不仅可以买到日用品，还能淘到一些宝贝。

不过最能体现大唐烟火气的，还要数长安城的美食。唐人"世重饼啖"，蒸饼、胡饼、烧饼、汤饼、薄叶饼、水溲饼等形形色色的面食让人眼花缭乱，更有来自全国各地甚至外国的美食，比如来自四川的荔枝，高昌的马奶葡萄，沿海城市的文蛤和螃蟹，泥婆罗的波棱、酢菜、浑提葱等。而且唐朝重宴饮，一场宴席下来，人们能品尝到很多品种的美食。现今流传下来的《烧尾宴》菜单，里面单笼金乳酥、曼陀样夹饼、婆罗门轻高面、御黄王母饭、光明虾炙、通花软牛肠、生进二十四气馄饨、生进鸭花汤饼、水晶龙凤饼、双拌方破饼、缠花云梦肉，光是名字听了就能让人流口水。

此外，吃"西餐料理"，唐人也没落下。在春日的曲江池畔，吃生鱼片就是非常不错的选择。"鱼鲙芥酱调，水葵盐豉絮。"白居易笔下的鱼鲙，想必味道一定非常鲜美。吃生鱼片在唐朝的确算不上什么新鲜事，许多不适应的人也可以慢慢适应。就像韩愈吃虾蟆（即蛤蟆）那样，"余初不下喉，近亦能稍稍"。吃着吃着，就能接受了。

人们一边吃鱼鲙，一边还能欣赏曲江池畔亮丽的风景。"曲沼深塘跃锦鳞，槐烟径里碧波新。"春风和煦，碧波荡漾，自在畅意的环湖游又有哪一个人能不心动呢？值得一提的是，春日也是丽人出行的好时节。有些女子身穿襦，下着裙，一块帔子绕臂缠，"长留白雪占胸前"；有些女子着袍袴，穿长靴，宛如潇洒美少年；有些女子头戴网纱"透额罗"；有些女子身穿条纹裤；有些女子头戴牡丹；有些女子斜插银篦；有些女子"青云教绾头上髻，明月与作耳边珰"；有些女子"带垂钿胯花腰重，帽转金铃雪面回"。她们或是绰约窈窕，或是珠圆玉润，所谓"淡妆浓抹总相宜"，每个人都美而不同，这大概就是盛唐开放包容气象下的独到审美吧！

说到游玩，佛寺禅院也是唐人游玩的不二之选。不同于我们想象中青灯古佛般远离尘嚣的肃静，有些寺院则充满了烟火气，不仅可以赏牡丹花，还可以欣赏百戏——歌舞、舞剑、杂耍、俗讲等各种形式。除此之外，寺庙还有很多其他功能，比如在慈恩寺，还有机会欣赏举子们的题诗、占卜、弈棋、避暑、品茶等。在这样的寺庙内，体味唐朝的烟火气，深入感受生机勃勃的唐人气息，也不失为诗意的享受。

白天，唐人可以肆意玩赏，欣赏大唐的盛世华韵。但一到晚上，人们就得早点回家，以免触犯了宵禁。《大唐六典》中记载："凡市以日午，击鼓三百声而众以会；日入前七刻，击钲三百声而众以散。""六街鼓歇行人绝，九衢茫茫空有月。"这时，唐朝的烟火气就浓缩在了一泓明月里。

"长安一片月，万户捣衣声。"回望唐时的长安，它早已成为浓烈的"乡愁"写进我们民族的血液里。而唐朝的星辰，被李白、杜甫、王维、白居易、李商隐、张若虚等一群闪耀的明星照顾着，更有唐朝的绝代华韵，被我们一代一代地传说着。

目录
CONTENTS

第一章

穿越预科班：
如何成为一个
识时务的唐朝人

唐朝以胖为美？小心成为"人肉取暖机"

现如今，女子以身姿曼妙、腰身纤细为美。身材不达标者，往往会煞费苦心地立下减肥大计，即使是微胖界的女子也不例外。在唐朝，真的是以胖为美吗？一个唐朝的粗线条女子，真的可以不受减肥问题的困扰吗？

欣赏过唐朝周昉绘制的粗绢本设色画《簪花仕女图》的人，应该可以看出图上的女子穿着宽松的裙子与飘逸的帔子，身材丰腴，尤其是左边髻插芍药花的贵族仕女，在衣服的映衬下更显臃肿，这似乎是唐朝以胖为美的明证。事实真的如此吗？

针对《簪花仕女图》中女子体态的问题，《宣和画谱》中表述比较中肯，直言其作者周昉："贵游子弟，多见贵而美者，故以丰厚为体。"也就是说，周昉见到的都是些家庭条件好的女子，她们吃得比较胖。其实在其他画作中，女子的身材并非都是一如既往地胖。比如阎立本《步辇图》中所绘制的宫女，体态只能说是丰腴，而不是肥胖。《步辇图》是以文成公主和亲为背景，面对外国使节，大唐自然要体面，如果"以胖为美"，这些宫女岂不是长得有些不过关。

有人说"环肥燕瘦"，唐朝如果不是以胖为美，杨贵妃怎么能博得盛宠呢？其实这只是后人的臆测，环肥燕瘦，只能说杨贵妃比赵飞燕胖，不能说杨贵妃是个胖女孩。《旧唐书》中记载杨玉环"姿质丰艳"，李白曾作《清平调·其二》称赞杨贵妃，其中有一句为"借问汉宫谁得似，可怜飞燕倚新妆"，将杨贵妃与赵飞燕相比。如果杨贵妃是一个胖子，听了李白拿她与赵飞燕作比较，一定会勃然大怒吧。而李白也不可能做出如此大胆且颇含讽刺的比喻。由此可见，杨贵妃并不是胖，只是丰腴美人而已。

唐朝不是以胖为美，那一定是以丰腴为美吗？比如元稹在《莺莺传》中就夸赞崔莺莺"肤润玉肌丰"，是个丰腴的美人。其实唐朝的审美比较多元，身材高挑纤细、皮肤白嫩的美女照样受人青睐。唐朝李德裕的《次柳氏旧闻》中记载了唐玄宗曾经给太子选美女的故事："上即诏力士下京兆尹，亟选人间女子细长洁白者五人，将以赐太子。"其选拔标准是"细长洁白"。杜甫在《丽人行》中描述贵族女子的出行，她们的身形是"态浓意远淑且真，肌理细腻骨肉匀"，她们仪态端方，气度雍容华贵，但身形绝不是肥胖，而是肤质白皙细腻、骨肉匀称。

许多诗人也盛赞女子纤细的身形，比如李贺在《将进酒》中说"皓齿歌，细腰舞"，极言称赞女子明眸皓齿、腰身纤细、轻歌曼舞的美妙姿态。唐朝诗人陆龟蒙在《婕好怨》中说宫中女子身材纤细，有"后宫多窈窕，日日学新声"之言。白居易也称赞女子身材纤细，更有夸赞自己的小妾樊素和小蛮，并作诗"樱桃樊素口，杨柳小蛮腰"。根据唐朝孟棨的《本事诗》中记载，"白尚书姬人樊素，善歌，妓人小蛮，善舞"，"小蛮腰"更是作为瘦的代名词被固定下来。

在唐朝，如果太胖，还会被好事之人"嘲笑"。比如杜牧就比较刻薄，唐朝范摅所撰的《云溪友议》中记载杜牧作了一首《嘲妓》，特意说明是他罢宣州

簪花仕女图（局部）　唐　周昉

幕，经过陕西，看到有酒纠妓长得肥胖，便作诗相赠。其中有两句"一车白土将泥项，十幅红旗补破裤"。总之，这位妓女打扮起来费材料，因为她太胖了。

被嘲笑还则罢了，要是被当作"人肉取暖机"，就当真让人哭笑不得了。据五代王仁裕所撰的《开元天宝遗事》中记载，唐玄宗的弟弟岐王李范比较好色，每到寒冬腊月，他手冷不去烤火，而是"惟于妙妓怀中揣其肌肤"，这些美女化身暖宝宝供岐王取暖，这叫作"暖手"。岐王是暖和了，那些美女可算倒霉了，被冰的一次又一次。这样奇葩的取暖方式，也只有富贵王爷能干得出。

唐玄宗的哥哥申王李捴还来了个升级版的"人肉取暖机"。每当风雪苦寒之际，他就让宫妓"密围于坐侧，以御寒气"，也就是一群宫妓围着他坐着，形成环抱之势。她们还得紧紧围着申王，不能漏缝，否则会透风，这叫作"妓围"。杨国忠也爱这么玩，《开元天宝遗事》中记载，杨国忠在冬天挑选出"婢妾肥大者"，排列在前面，让她们为其遮风，目的是"借人之气相暖"，这叫作"肉阵"。

在大唐，既可以环肥，也可以燕瘦，最重要的是拥有高度的自信，积极自主的生活。如果沦为"人肉取暖机"，那还真是一件令人头痛的事。

唐朝人的称谓：不"错乱"，有门道

落地大唐，首先要弄清楚称谓问题，不然很容易闹出笑话。最好"入乡随俗"，不然会被别人误以为脑子有问题。那么，如何入乡随俗呢？

首先，见到自己的爹娘，不能称呼爸爸妈妈，要称呼爸爸为"阿爷"（"阿耶"）、"耶耶"（爷爷），在一些正式的场合，可以称呼为"父亲"。要称呼妈妈为"阿娘"。

有时候，父母或直系尊长会被称为"大人"，比如裴彝对其父说："大人病痛若此。"《旧五代史》中记载，河中节度使王珂被后梁围困，王珂的妻子急忙写信给自己的父亲李克用："贼势如此，大人忍不救耶？"如果在官场叫"张大人""刘大人"，这让人听着一头雾水。不妨称呼他们的官位或官爵，比如李尚书或姚主事等。

有时候，也会称呼父亲为"哥哥"，你别觉得我在胡说八道。《旧唐书》中记载："玄宗泣曰：'四哥仁孝，同气唯有太平，言之恐有违犯，不言忧患转深，为臣为子，计无所出。'"这里唐玄宗称呼他的父亲唐睿宗为"四哥"，唐睿宗排行老四。可见，将父亲称呼为"哥"是很正常的事情。

至于称呼哥哥，为了避免麻烦，可以直接称呼为"兄"，和称呼父亲的"哥"区别开来。《唐会要》中记载："晋王及晋阳公主幼而偏孤，上亲加鞠养。晋王或暂出阁，公主必送出虔化门，涕泪而别，至是公主言于太宗曰：'兄今与百僚同列，将不得在内耶？'言讫，哽咽不自胜，上为之流涕。"

晋王和晋阳公主都是唐太宗李世民亲自抚养长大的，晋王大了"开府"了，晋阳公主很舍不得。对唐太宗说，兄现在要和百官站在一起了，将不能和他们一样生活在宫中了。晋阳公主说完，十分伤心地哭了，唐太宗听了也很伤感。晋阳公主称呼哥哥晋王为兄。这段颇有画面感的文字让人读了满是温情。而称呼姐妹，一般用"姊""女兄""妹""女弟"。

对于身份尊贵，出生在皇家的人来说，也要按照上面的称谓来称呼爹娘，而不能叫"父皇""母后"。唐太宗李世民在一封写给儿子李治的信中，落款为"耶耶"——

两度得大内书，不见奴表，耶耶忌欲恒死，少时间忽得奴手书，报娘子患，忧惶一时顿解，欲似死而更生，今日已后，但头风发，信便即报。耶耶若少有疾患，即一一具报。今得辽东消息，录状送，忆奴欲死，不知何计使还，具。耶耶，敕。

在这封信中，李世民对儿子李治深情表白，"不见奴表、耶耶忌欲恒死""忆奴欲死"，想儿子想得要死，这是多么深沉的父爱。作为皇帝，李世民也没有自称"父皇""朕",而是像寻常父亲一样称自己为"耶耶"。在一些非正式场合,皇帝自称"我""吾"就可以了。作为皇子或公主,也不用自称"儿臣",而是称"儿"。公主也可自称"妾",比如崔融在《代皇太子上食表》中有"伏见臣妹太平公主妾李,令月嘉辰,降嫔公族"。

如果和皇帝没这层亲情关系,只是普通的上下级,则可以称呼皇帝为"陛下""圣人""大家"。唐朝笔记小说《酉阳杂俎》中记载:"秦汉以来,于天子言陛下,于皇太子言殿下,将言麾下,使者言节下、毂下。二千石长史言阁下,父母言膝下,通类相言称足下。"所以称呼皇帝为"陛下"再正常不过。《资治通鉴》中记载:"禄山踞床微起,亦不拜,曰:'圣人安隐。'""圣人"即安禄山称呼唐玄宗的说法。《旧唐书》中记载李辅国对唐代宗说:"大家但内里坐,外事听老奴处置。""大家"便是李辅国对代宗的称呼。

在寻常家庭中,主母被称为"娘子",主人被称为"郎君"。对于年轻点的人,可以称呼为"小娘子"和"小郎君"。也可以按照家中的排行称呼一个人,比如王家的六姑娘,可以称呼为王六娘;李家的三公子,可以称呼为李三郎。擅长剑舞的公孙大娘就在家中排行老大,而不是中年妇女才被称为"大娘"。唐玄宗李隆基排行老三,所以杨贵妃亲切地称呼他为"三郎"。

对于自己或自家的人,一般采用谦称,比如称自己为"吾""仆""鄙人",而称呼对方却要加上令人尊敬的词,比如"令""尊""贤"等。所谓礼多人不怪,用在称呼上也是一样的。

水流风扇、冰凉竹席:唐朝消暑出奇招

夏天炎炎,如今的高科技能够迅速降温,消解暑热。但唐朝人就没有这么幸运了。大历元年(766年),杜甫在夔州,夏日热得透不过气,连写了三首诗表达自己的心情,题目就叫作《热》。到底有多热呢?"峡中都似火""欻翕炎蒸景"，天地间就像个大蒸笼，炙烤着人们。"炎赫衣流汗，低垂气不苏"，人们不仅穿衣流汗，就连呼出的气都不太顺畅，就是怎么待着怎么难受。天气热的时候，杜甫就盼望着下雨，但是"雷霆空霹雳，云雨竟虚无"，只打雷不下雨，杜甫也只能"想见阴宫雪，风门飒踏开"，想象一种清凉的境界给自己降温。杜甫大概对夏日太有感触了，还写过其他的诗句来抱怨炎热，比如他在《早秋苦热堆案相仍》中说"七月六日苦炎蒸，对食暂餐还不能"，热得吃不下饭。还有他在《夏日叹》中说"飞鸟苦热死，池鱼涸其泥"，飞鸟和游鱼都被热死了。

王维曾经写了一首《赠吴官》来调侃一位来自南方的朋友不习惯长安的生活。其中两句提到长安的酷热——"长安客舍热如煮，无个茗麋难御暑"，意思是，长安的宾馆热得就像正在被煮似的，不喝点茶真是难以抵御这热腾腾的蒸汽呀。"空摇白团其谛苦，欲向缥囊还归旅"，意思是，即使拼命摇扇子还是叫苦连连，真想收拾行李回老家。

除此之外，还有许多诗人抱怨太热了。比如王毂写了一首《苦热行》，发挥了他奇妙的想象，将天气炎热想象成火神祝融来鞭火龙，整个天空都燃烧着熊熊火焰，太阳更是凝固在了天空当中不肯离去，所以"万国如在洪炉中"，全国上下都热。这热就像孙悟空将太上老君的八卦炉踢翻，但是炉子没掉到火焰山，而是将整个大唐都给烤热了。

面对如此炎热的天气，唐人自然不能坐以待毙。他们想尽了各种办法来抵御酷暑的滋扰。唐人消暑，大致有以下几种：

第一种是借助工具消暑，简称消暑神器。

这方面申王李捴最有发言权，《酉阳杂俎》中记载，"申王有肉疾，腹垂至骭"，意思是，他太胖了，肚子上的肉都垂到腿上了，出行不仅没形象还特别困难，所以每次出门都得"以白练束之"，用白绢裹住肚子上的肉。到了夏天，长一身肥膘的申王暑热难耐，他的弟弟唐玄宗贴心地"诏南方取冷蛇二条赐之"，这种蛇"长数尺，色白，不螫人，执之冷如握冰"。申王"腹有数约"，将蛇像围腰带似的围在自己的腰间，这样才消解了暑热。

除了蛇，申王消暑还有妙招。据明代高濂的《四时幽赏录》引《河东备录》中的记载，申王使用"壬癸席"来降温。壬癸席是一种特殊材质的凉席，"取猪毛刷净，命工织以为席"，效果是"滑而且凉"。采用凉席消暑在唐朝已经不是什么新鲜事，但是像申王这么讲究的还真是不多见。

白居易在做江州司马时，记挂着好友元稹。他买了一副蕲春竹席，赶紧"邮寄"给元稹，希望元稹可以在夏天过得舒服点。他写道："通州炎瘴地，此物最关身。"元稹收到好友的礼物，非常激动，立马回赠了一首诗《酬乐天寄蕲州簟》，分享自己的使用体验："霜凝青汗简，冰透碧游鳞。水魄轻涵黛，琉璃薄带尘。梦成伤冷滑，惊卧老龙身。"蕲春竹席不仅能解暑，他还担心自己会受凉。

蕲春竹席在当时应该算是驰名品牌，韩愈还写了《郑群赠簟》一诗来表达自己睡凉席的感慨。他说"蕲州笛竹天下知，郑君所宝尤瑰奇"。郑群送给韩愈的竹席质量应属上乘，外观应该也很漂亮，致使"一府传看黄琉璃"，大家都来欣赏。这份礼物可谓送到韩愈的心坎儿上了，因为他已经苦燥热已久，"自从五月困暑湿，如坐深甑遭蒸炊。手磨袖拂心语口，慢肤多汗真相宜"。有时候自己想买，"有卖直欲倾家资"，可见蕲春竹席在当时价格不菲。韩愈使用后的感受是"倒身甘寝百疾愈，却愿天日恒炎曦"，百病全消，太阳天天那么大都可以，反正他已经有了凉席。在唐朝，要想送礼的话，蕲春竹席还真是一个不错的选择。

唐人在使用凉席的时候还会搭配"竹夹膝"，也称"竹夫人"，是用竹子编制的清凉解暑用具，睡觉的时候既可以放在两腿间，也可以抱着睡，还可以踩在脚下，就像一个消暑的玩偶，哪里热你就放在哪里。晚唐诗人陆龟蒙就曾送给好友皮日休一副竹夹膝，还附赠了一首诗《以竹夹膝寄赠袭美》。皮日休收到后十分激动，回了一首《鲁望以竹夹膝见寄，因次韵酬谢》表达自己的使用体会，并激动地表示"从此角巾因尔戴，俗人相访若为通"。陆龟蒙出门还爱撑伞，他在《蓬伞》中讲述了自己做伞的过程："吾江善编蓬，圆者柄为伞。所至以自随，清阴覆一埠。"伞的降温效果还不错。

除此之外，有钱人还有许多神秘的法宝。唐朝苏鹗的《杜阳杂编》中记载：同昌公主使用一种名为"澄水帛"的消暑神器，澄水帛有八九尺长，"似布而细，明薄可鉴"，使用时"以水蘸之，挂于南轩"，不一会儿，"满座皆思挟纩"。大家都感受到有点凉想要添衣了。澄水帛如此神奇的原因是，其中含有龙涎，所以能消暑毒。而龙涎是寻常人家消费不起的。《开元天宝遗事》中说长安有一个叫王元宝的有钱人，他用龙皮做扇子，待客时，就将这把扇子放到座位前，"使新水洒之"，结果是"飒然风生，巡酒之间，客有寒色，遂命撤去"。唐朝康骈的小说《剧谈录》中有宰相李德裕消暑的秘方："以金盆贮水，渍白龙皮，置于座末。"使用的感受是"烦暑都尽。清飙爽气，凛若高秋"。众所周知，龙在唐朝是没有的，这两部小说的作者充分发挥了自己的想象力，说得难免有些夸张，但是用其他动物的皮代替龙皮消暑的可能性还是非常大的。唐朝还有一种消暑神奇叫"辟暑犀"，白居易《白孔六帖》中说，唐文宗："延学士于内庭，引李训讲《周易》，时方盛夏，上命取辟暑犀以赐。"意思是，唐文宗将能解暑气的辟暑犀赐给大臣。

第二种是人们会穿轻薄的衣服。

比如人们身着葛衣，用葛布所制的衣服又称"绤绤"，款式既可以是长袖，也可以是短袖，或者是无袖。夏天穿纱也是非常不错的选择，有条件的人还会选择"轻绡"，即一种丝织品，《开元天宝遗事》中记载："贵妃每至夏月，常衣轻绡。"轻绡比较昂贵，普通人一般穿不起。贵妃仍觉热得难受，让旁边的侍女不停地扇扇子，就这样仍然感觉热，会出很多汗，"每有汗出，红腻而多香，或拭之于巾帕之上，其色如桃红也。"还有记载"贵妃素有肉体，至夏苦热，常有肺渴，每日含一玉鱼儿于口中，盖藉其凉津沃肺也"。流着桃花色的香汗，口中含着玉鱼儿，虽然这些记载富有传奇色彩，但也从侧面反映出唐朝贵妇的消暑方式花样百出。

第三种是人们会在夏天吃冷饮、冰镇水果之类的东西。

上林署是朝廷负责藏冰的机构，上林署所藏的冰一般人享用不到。白居易在做翰林学士时曾得到唐宪宗的赏赐，他做了《谢恩赐冰状》表达自己对皇帝的感激，"颁冰之仪，朝廷盛典，以其非常之物，用表特异之恩"。而他本人享用后，感觉"烦暑迎消，凉飔随至"。

即便得不到皇帝恩宠，也可以吃到冰。唐朝市场上也卖冰，唐末五代王定保编撰的文言轶事小说集《唐摭言》中记载，"昔蒯人为商而卖冰于市"，只不过价格

花鸟画 唐 边鸾

昂贵。唐人冯贽的志怪小说《云仙杂记》中记载，"长安冰雪，至夏日则价等金璧"，看到这个价钱，寻常人肯定会想，还是热一热吧。

贵族或富豪是很会享受的，《清异录》中记载了唐敬宗吃的饭："宝历元年，内出清风饭制度赐御庖，令造进。法用水晶饭、龙睛粉、龙脑末、牛酪浆调，事毕，入金提缸，垂下冰池，待其冷透供进，惟大暑方作。"这道冷食不光前期调味工序繁复，最重要的是要放入器具中垂下冰池，让冷气浸透食物。冰池就发挥着现在冰箱的效果。刘禹锡还提到唐顺宗驸马刘士泾用冰镇水果招待客人，他在《刘驸马水亭避暑》一诗中说"赐冰满碗沉朱实，法馔盈盘覆碧笼"，也就

10

是用冰镇李子待客。

不光有这类冷食，唐人还喝冷饮。唐朝苏敬等编写的《新修本草》中就记载了"主热毒，止渴，解散发利，除胸中虚热，身面上热疮、肌疮"的酪饮，而且牛、羊、马、水牛乳都能用来做酪。杜甫还写过一首《寄韦有夏郎中》，提到"饮子频通汗，怀君想报珠"中的"饮子"就是一种冷饮。《太平广记》中记载，"长安完盛日，有一家于西市卖饮子，用寻常之药，不过数味"，足以说明冷饮已经市场化了。

由于冰的珍贵，有心人送礼竟然用冰。《开元天宝遗事》中记载："杨国忠子弟，以奸媚结识朝士，每至伏日，取坚冰令工人镂为凤兽之形，或饰以金环彩带，置之雕盘中，送与王公大臣。惟张九龄不受此惠。"为了贿赂王公大臣，杨氏子弟"煞费苦心"，不仅做冰雕，还要装饰各种金环彩带。

第四种消暑方式是营造清凉的氛围。

比如建造"空调房"，唐朝的含凉殿就是做过特殊装置的宫殿。《唐语林》中记载，含凉殿"座后水激扇车，风猎衣襟。……四隅积水成帘飞洒，座内含冻。"意思是说，在御座的后面设置了一个水流风扇，通过扇子的转动将冷气带入整个殿宇中。还巧妙地利用机械装置将冷水引到含凉殿的四个角，向下泼洒，形成水帘，使得"座内含冻"。有人说建造如此豪华装置的宫殿是受到拂菻国（即东罗马帝国）的影响。《旧唐书》中对拂菻国的宫殿是这样描写的："至于盛暑之节，人厌嚣热，乃引水潜流，上遍于屋宇，机制巧密，人莫之知。观者惟闻屋上泉鸣，俄见四檐飞溜，悬波如瀑，激气成凉风，其巧妙如此。"

同样是引水潜流，同样是营造水幕，看起来的确是十分相似。像这样的大型建筑工程一般人是没办法实施的，他们只能建造低端一点儿的避暑房。

《开元天宝遗事》中记载了杨氏子弟的夏日享受："每至伏中，取大冰使匠琢为山，周围于宴席间。座客虽酒酣而各有寒色，亦有挟纩者。其骄贵如此也。"他们在家里安装了一个冰山，在座的客人喝了酒，觉得有点冷，就索性穿上衣服。

没有冰的人也不想受热，他们则想方设法研发了水房。《消夏部》中记载，"鱼胡恩有洞房，四壁爽安玻璃板，中贮江水及萍藻诸色鱼蟹，号鱼藻洞"。这样的房间不仅降温解暑，观赏性也极强。刘驸马的水亭也让人感到很享受，"琥珀盏红疑漏雨，水晶帘莹更通风"。《封氏闻见记》中记载了唐朝御史大夫王鉷的自雨亭："宅内有自雨亭，从檐上飞流四注，当夏处之，凛若高秋。"在烈日炎炎的夏天，将井水运送到屋顶，再从檐上飞流而下，想着都觉得舒爽。

如果没有这些条件，还可以搭建凉棚。长安城的贵公子"每至暑伏中，各于林亭内植画柱，以锦绮结为凉棚，设坐具，召长安名妓间坐，递相延请，为避暑之会。时人无不爱羡也。"他们在凉棚下乘凉，还有长安名妓相伴，过得如此逍遥。

还有的人打起了地下水的主意。明朝文人高濂在《遵生八笺》中有精彩的描述："霍都别墅，一堂之中开七井，皆以镂刻之，盘覆之，夏日坐其上，七井生凉，不知暑气。"意思是，唐朝宦官霍仙鸣在自己别墅的房间中开了七口凉水井，上面盖的井盖是镂刻的，夏天时冷气能透上来，让人感受不到暑气。

如果觉得建造这些太费事了，还可以换第五种方式，就是寻找清凉地。

白居易在《香山避暑二绝》中说自己"一路凉风十八里，卧乘篮舆睡中归"，白天去户外游消暑，去深山里寻觅一丝凉意。

和白居易去香山寺享受清凉一样，许多人喜欢去山林和寺院避暑。比如刘得仁曾作《夏日游慈恩寺》，描述了当日游慈恩寺的盛况，"闲上凌虚塔，相逢避暑人。却愁归去路，马迹并车轮。"可见来慈恩寺避暑的人还真不少，想要回家，交通还有点儿拥堵呢。

有人不光是在寺院中享受清凉的环境，而是追求一种心静自然凉的境界。比如王维曾说"忽入甘露门，宛然清凉乐"，他能在炎炎夏日中体会来自心境的清凉。白居易曾作《苦热题恒寂师禅室》，有"人人避暑走如狂，独有禅师不出房。可是禅房无热到，但能心静即身凉"，禅师不是体会不到暑热，而是具备"八风吹不动"的心境啊！

今朝一澡濯，衰瘦颇有余：谁是唐朝最爱洗澡的人

白居易曾经写过一首《沐浴》，讲述自己洗澡的事情："经年不沐浴，尘垢满肌肤。今朝一澡濯，衰瘦颇有余。"他好几年没洗澡，偶然一洗澡，发现自己都瘦了。

我们现在说"洗澡"，说得比较笼统，通常是全身上下洗一遍，当然有时候洗澡也不洗头，因为洗澡和洗头发是分开的，如果头发刚洗，洗澡就把头发包起来。古代却对洗澡这件事分得很细，东汉许慎在《说文解字》中记载："沐，濯发也。浴，洒身也。洗，洒足也。澡，洒手也。"也就是说，洗头发叫"沐"，洗身体叫"浴"，洗脚叫"洗"，洗手叫"澡"。

《礼记》中记载："父母唾洟不见，冠带垢，和灰请漱；衣裳垢，和灰请浣；衣裳绽裂，纫箴请补缀。五日，则燂汤请浴，三日具沐。其间面垢，燂潘请靧；足垢，燂汤请洗。"意思是，父母身上或者衣服哪里脏了，要及时为他们清洗。五天就该给父母洗个澡，三天就要为他们洗次头发。这中间脸脏了，就用淘米水把父母的脸洗干净。如果脚脏了，就用温水帮父母洗脚。

不光要为父母洗澡，对待客人也应如此。《仪礼》中记载："管人为客，三日具沐，五日具浴。"意思是，有客人来家中做客，主人需要为客人提供三天一洗头、五天一洗澡的环境。

古代是非常重视沐浴的，甚至将沐浴视为一种礼仪。举行祭祀活动，参与的人通常要沐浴焚香。根据《礼记》的规定，诸侯朝见天子需要提前沐浴。《仪礼》中规定，去别人家做客，要先沐浴再吃饭以示尊重，即所谓"飧不致，宾不拜，沐浴而食之"。

到了汉代，官员们洗澡的日子被固定下来，朝廷定期放假让大臣们沐浴。《汉宫仪》中记载，"五日以假洗沐，亦曰休沐"。唐朝公务员也有洗澡假，据《大唐六典》中记载，唐朝实行旬休，就是每个月的第十天、第二十天、月末的一天放假，"以宽百僚休沐"。所以白居易不洗澡，可不是朝廷不给他放洗澡假，而是他懒得动。一旦他想动，也能体会到洗澡的快乐，比如他在《新沐浴》中就说："形适外无羔，心恬内无忧。夜来新沐浴，肌发舒且柔。"洗澡之后，皮肤舒服了，头发也光滑了。

唐朝有很多"温泉会所"，据唐朝封演的《封氏闻见记》中记载，唐朝"海内温汤甚众，有新丰骊山汤，蓝田石门汤，岐州凤泉汤，同州北山汤，河南陆浑汤，汝州广成汤，兖州乾封汤，邢州沙河汤，此等诸汤，皆知名之汤也，并能愈疾"。唐太宗曾写《温泉铭》表达自己对泡温泉的喜爱，也透露出自己之所以喜欢温泉，是因为"朕以忧劳积虑，风疾屡婴，每濯患于斯源，不移时而获损"。唐太宗看重的是温泉的疗养功效。

唐文宗李昂非常爱泡澡，恨不得住在澡堂里。他有在浴室接见大臣的癖好。

华清出浴图　清　康涛

《旧唐书》中记载，唐文宗"每浴堂召对，继烛见跋，语犹未尽，不欲取烛，宫人以蜡泪揉纸继之"。在澡堂召见大臣，蜡烛都快燃尽了也舍不得换，还让宫人用蜡泪揉纸继续用。

不过要说爱泡澡的皇帝，大家首先想到的还是唐玄宗李隆基。"春寒赐浴华清池，温泉水滑洗凝脂"，据《开元天宝遗事》中记载，唐玄宗和杨贵妃经常去华清池度假。"华清宫中除供奉两汤外，而别更有长汤十六所，嫔御之类浴焉。"华清池的装饰应该是十分奢华的，"奉御汤中，以文瑶密石，中央有玉莲，汤泉涌以成池，又缝锦绣为凫雁于水中。帝与贵妃施钗镂小舟，戏玩于其间。"他们在沐浴时享受的是最高等级的待遇，一些名贵的物品随意丢弃。以至于"宫中退水出于金沟，其中珠缨宝络流出街渠，贫民日有所得焉"。贫民在金沟这儿等着，等到温泉池中排水了，就能捡到宝贝。

华清池并非唐玄宗和杨贵妃专享的地方，唐玄宗也带其他妃子来过这里，安禄山也曾被赐浴华清池。《旧唐书》中记载："玄宗宠禄山，赐华清宫汤浴，皆许猪儿等入助解着衣服。"唐玄宗宠信安禄山，不仅让他去华清宫洗澡，还让他的侍从李猪儿等也去帮他宽衣解带。唐玄宗也是一番苦心，因为安禄山实在是太胖了，"三四人助之，两人抬起肚，猪儿以头戴之，始取裙裤带及系腰带"，得三四个人帮他穿衣服。

唐朝没有洗发膏、沐浴露，人们沐浴的时候都使用什么清洁产品呢？

最古老的洗发产品是"潘"，俗称淘米水。《左传》中记载，"陈氏方睦，使疾，而遗之潘沐"，陈氏使用的就是淘米水。除此之外，还用"皂荚汤"，唐朝孙思邈《备急千金要方》里有一味治疗头部瘙痒及去除头皮屑的方子："大麻子、秦椒各三升，皂荚屑半升，上三味熟研，纳泔中一宿，渍去滓，木篦搅百遍，取乃用沐头发际，更别作皂荚汤濯之。"

唐朝人使用澡豆沐浴，澡豆的去污渍功效较强，据孙思邈的《千金翼方》中记载，澡豆是将猪的胰腺洗干净，去除脂肪后研磨成粉末，再辅以豆粉、香料等配料制成的。澡豆应该不算什么奢侈物品，孙思邈曾说"衣香澡豆，士人贵胜，皆是所要"。只要不是太穷，基本都能用得起。

但是香料价格不等，如果澡豆里含有名贵的香料，那价格自然不会便宜。比如孙思邈记录的一味澡豆，配料是"丁香、沉香、青木香、桃花、钟乳粉、真珠、玉屑、蜀水花、木瓜花各三两，奈花、梨花、红莲花、李花、樱桃花、白蜀葵花、旋覆花各四两，麝香一铢"，共十七味材料，而且制作工艺烦琐，

"捣诸花，别捣诸香，真珠、玉屑别研作粉，合和大豆末七合，研之千遍，密贮勿泄。"也许贵有贵的道理，经常使用，"一百日其面如玉，光净润泽，臭气粉滓皆除，咽喉臂膊皆用洗之，悉得如意。"孙思邈记录下来了几种澡豆的配方，其中还有"令人面手白净澡豆方"，和如今的洗面奶、沐浴露的功效差不多。

沐浴后，唐人十分注重护肤，会使用一些护肤品。比如孙思邈记录的一味面膏方，使用杜衡、牡蛎、防风、白附子、白芷等三十二味原料，经过"以水浸膏髓等五日，日别再易水；又五日，日别一易水；又十日，二日一易水。凡二十日止，以酒一升……"以复杂的工序制作而成，然后"每夜涂面，昼则洗却，更涂新者"，就像现在的晚霜一样，"十日以后，色等桃花"，效果十分显著。

杜甫在《腊日》中写道："口脂面药随恩泽，翠管银罂下九霄。"其中"口脂"和"面药"都是唐朝的护肤品，相当于现在的润唇膏和乳液。这些护肤产品是皇帝作为礼物赏赐给大臣的，可见在唐朝，人们已经有护肤的理念了。

老有所依，唐朝人的晚年生活很幸福

现如今，老人退休后，有的养花种草，有的下棋遛鸟，有的垂钓赏景，有的跳广场舞，有的报旅行团去欣赏祖国的山山水水，大爷大妈们的晚年生活过得相当滋润。

其实在唐朝，老年生活也过得很幸福。唐朝不仅倡导敬老爱老的风气，也为养老提供了多重保障。不过，要想享受这些待遇，首先您得是个"老人"。

那么，在唐朝，多大岁数才算老人呢？《新唐书》中记载："凡民始生为黄，四岁为小，十六为中，二十一为丁，六十为老。"也就是说，到了六十岁，就进入了老人的范畴。在一些时期，这项规定有些变动，比如神龙元年（705年），"上表请以二十二为丁，五十八为老，制从之"，改为五十八岁，但没维持多久就改了回来。广德元年（763年），实行过"五十五为老，以优民"的政策。如果是官员，

《通典》中规定"大唐令，诸职事官，七十听致仕"，即七十岁再退休。

唐朝十分重视孝道，对孝子尤为推崇。唐高祖李渊曾经颁布《旌表孝友诏》："宏长民教，敦睦风俗，宜加褒显，以劝将来。可并旌表门闾，蠲免课役，布告天下，使明知之。"对于孝子进行表彰，并予以蠲免课税等优待。同时，唐朝也有很多社会福利措施来保障老人的权益。

对于一些岁数大的老人，朝廷还特别发给补助。比如《唐大诏令集》中记载，唐太宗登基时曾经提出："八十以上各赐米二石，绵帛五段；百岁以上各赐米四石，绵帛十段；仍加版授，以旌尚齿。"意思是，八十岁以上的老人，朝廷要赐两石米、五段布匹；百岁以上的老人，朝廷要赐四石米、十段布匹；仍然用白版授予官职或封号，对于尊老的行为做表彰。

唐朝还采用"授几杖"和"赐官爵"的方式对老人进行精神上的关怀，"授几杖"就是给不同年龄的老人颁发坐几和手杖，表达对老人的关怀与尊重，《新唐书》中记载："丁酉，宴京师侍老于含元殿庭，赐九十以上几、杖，八十以上鸠杖。"唐玄宗在含元殿大宴耆老，按照岁数赐给他们几杖和鸠杖。李白还做了《白鸠辞》记录这件事，"天子刻玉杖，镂形赐耆人"，传为盛世美谈；对于赐给老人官位，洪迈《容斋随笔》有"老人推恩"的几条记录：

唐世赦宥，推恩于老人绝优。开元二十三年，耕籍田。侍老百岁以上，版授上州刺史；九十以上，中州刺史；八十以上，上州司马。二十七年，赦。百岁以上，下州刺史，妇人郡君；九十以上，上州司马，妇人县君；八十以上，县令，妇人乡君。天宝七载，京城七十以上，本县令；六十以上，县丞；天下侍老除官与开元等。

对于岁数大的老人，朝廷还为其安排侍丁以便照顾他们的起居。比如，开元二十五年（737年），《户令》中规定，"诸年八十及笃疾，给侍丁一人，九十二人，百岁三人，皆先尽子孙，次取近亲，皆先轻色。"

唐朝还从法律层面保障了"老有所依"。比如《唐律疏议》中有这样的一条规定："诸祖父母、父母在而子孙别籍、异财者，徒三年。"也就是说，祖父母、父母在，子女不该出远门，也不该另立门户，要和祖父母、父母待在一起，照顾他们；又如《唐律疏议》中有一条规定："诸詈祖父母、父母者，绞；殴者，斩。过失杀者，流三千里；伤者，徒三年。"子女从骂到伤害再到杀害父母、祖父母都要受到严厉的处罚。

遇到老人犯罪的情形，唐代的律法还会对其网开一面。《唐律疏议》中记载："诸年七十以上，十五以下及废疾，犯流罪以下，收赎（犯加役流、反逆缘坐流、会赦犹流者，不用此律，至配所免居作）八十以上、十岁以下及笃疾，犯反、逆、杀人应死者，上请；盗及伤人者，亦收赎；九十以上、七岁以下，虽有死罪不加刑；诸犯罪时虽未老、疾，而事发时老、疾者，依老、疾论。"

对于无家可归的老人，唐朝政府会予以救济。《事物纪原》中记载，唐朝设有"悲田养病坊"来收容赡养老人。《唐会要》中记载："从长安以来，置使专知。国家矜孤恤穷，敬老养病。"朝廷的这项慈善事业也影响到地方，《大唐六典》中记载："京畿及天下诸县令之职，皆掌导扬风化，抚字黎氓，敦四人之业，崇五土之利，养鳏寡，恤孤穷，审察冤屈，躬亲狱讼，务知百姓之疾苦。"也就是说，从都城到地方都对赡养鳏寡孤独的老人予以重视。

在唐朝，在物质上赡养老人不是什么难事，更要注重精神上的赡养。唐朝推崇"色养"，即面对父母要保持和蔼的面色，不要向父母要脾气、甩脸子。《贞观政要》中夸赞房玄龄"事继母，能以色养，恭谨过人"，房玄龄以"色养"来对待继母，让她老有所依，且老有乐依。

第二章

斗鸡追星玩宠物，
接地气的唐式『贪玩』

为你写诗：迷弟遍地是什么样的体验

现如今，人们热衷于追星。其实在唐朝，也有追星的现象发生，并且发生了很多有趣的事情。

《酉阳杂俎》中记载，荆州的一个叫葛清的人是白居易的狂热粉丝，他从脖颈以下，遍体刺满了白居易的诗文，简直是"体无完肤"。段成式经常与一个姓陈的朋友一起观看，这个朋友称呼葛清为"白舍人行诗图"。葛清为自己的偶像做流动宣传的方式，真是有点另类。

白居易的诗歌妇孺皆知，但是他自己也有偶像。据《唐才子传》中记载，白居易老年比较喜欢李商隐的文章，他说："我死后，得为尔儿足矣。"意思是，他要是下辈子能做李商隐的儿子就好了。李商隐得知后十分感动，等到白居易去世的几年后，他生了儿子，为了纪念白居易，就给儿子取名为"白老"。白老长得大一点，但是不太聪明，比较鄙钝，温庭筠就戏谑道："以尔为侍郎后身，不亦忝乎？"意思是，如果白老就是白居易的转世，那也太不够格了吧！

贾岛有一个疯狂粉丝叫李洞，他把贾岛当神仙一样崇拜。《唐才子传》中记载，李洞"遂铜写岛像，戴之巾中，常持数珠念贾岛佛，一日千遍。人有喜岛者，洞必手录岛诗赠之，叮咛再四曰：'此无异佛经，归焚香拜之。'其仰慕一何如此之切也"。意思是，他铸刻了一尊小小的贾岛的铜像，将它戴在帽子上。经常拿着念珠念贾岛的诗作，像和尚念经一样虔诚。他听说有人喜欢贾岛的诗作，必然亲自抄写贾岛的诗作相送，还不忘叮嘱人家：贾岛的诗就像佛经一样，你得焚香再拜读我偶像的大作。对于贾岛诗作的顶礼膜拜，李洞本人也有过描述，他在《题嘶上人贾岛诗卷》中说："贾生诗卷惠休装，百叶莲花万里香。供得半年吟不足，长须字字顶司仓。"

李洞不仅学习贾岛写诗苦吟的特点，还亲自收集贾岛的诗和事迹。他在《送东官贾正字之蜀》中说自己"宗诗为遍搜"，为贾诗的收集与传播扛起大旗。

李洞对贾岛十分仰慕。他到贾岛墓吊唁时，说贾岛"诗绝占唐朝"，是对贾岛多么高的称赞啊！李洞去世后，郑谷写了《哭进士李洞二首》，说"李端终薄宦，贾岛得高名"。由于李洞的赞赏，贾岛得了高名。李洞死于蜀地，在郑谷看来，"若近长江死，想君胜在生"，因为按照《唐才子传》的说法，"初，岛任长江，乃东蜀，冢在其处，郑谷哭洞诗云：'得近长江死，想君胜在生。'言死生不相远也"。说明李洞的归葬地离贾岛距离不远，如果李洞泉下有知，大概会很开心吧！

张籍是杜甫的粉丝，据冯贽《云仙杂记》中记载，张籍将杜甫的一帙诗烧了，然后将灰烬收集起来。他将这些灰烬伴着膏蜜泡水喝，他说这样就"令吾肝肠从此改易"。张籍的诗其实写得很不错了，要想学杜甫就好好钻研，这种喝诗灰的做法可要不得呀！

杜甫是李白的粉丝，杜甫给李白写了很多诗，比如《春日忆李白》《冬日有怀李白》《天末怀李白》《梦李白二首》，等等，可谓无时无刻不在想念李白。和杜甫一样，魏颢也是李白的粉丝，并且十分狂热。魏颢又叫魏万，经常住在王屋山，自号王屋山人。魏万《酬翰林》中说"长卿慕蔺久，子猷意已深"，司马相如因仰慕蔺相如而改名，王徽之在一个雪夜乘船拜访戴逵，魏万借用这两个典故来表达自己对李白的仰慕，并表达出自己想要追寻李白的足迹。

天宝十二载（753年），魏万听说李白游梁园，便开始了寻访李白的足迹。直到到了广陵，二人才最终见面。魏万此次走过的足迹，用李白的话是"东浮汴河水，访我三千里"。李白对魏万大为称赞，说"尔后必著大名于天下"。李白还将自己的作品托付给魏万，让他负责编辑。魏万也是尽心竭力，编订了著名的《李翰林集》，自己还为偶像的作品作了序。

李白也有自己的偶像，这个人就是孟浩然。李白在诗中经常提到孟浩然，比如《游溧阳北湖亭望瓦屋山怀古赠孟浩然》《春日归山寄孟浩然》《淮南对雪赠孟浩然》等，他曾说"吾爱孟夫子，风流天下闻"，将自己对偶像的喜欢毫无保留地表露出来。"高山安可仰，徒此揖清芬。"孟浩然就像一座高山，高山仰止，李白除了佩服还是佩服。

孟浩然呢，心心念念的则是王维。孟浩然四十岁左右时，举进士不第后要告别京城长安，便给王维写了一首诗《留别王维》：

寂寂竟何待，朝朝空自归。欲寻芳草去，惜与故人违。

当路谁相假，知音世所稀。只应守寂寞，还掩故园扉。

孟浩然将王维视为知己，正如朱庆馀在《过孟浩然旧居》中"平生谁见重，应只是王维"所讲的那样，王维对孟浩然也非常赏识，两人性情相投，结为忘年交。《新唐书》中记载，王维曾邀请孟浩然到内署，也就是他的办公处。这时正好唐玄宗来了，孟浩然赶紧藏到了床下。王维不敢隐瞒唐玄宗，便如实相告。唐玄宗高兴地说："我早就听说其人，但是还没有见过，有什么害怕的呢，别藏了。"唐玄宗问孟浩然作过哪些诗，于是孟浩然便开始背诵，背到"不才明主弃"一句时，唐玄宗很不高兴，说道："卿不求仕，而朕未尝弃卿，奈何诬我？"唐玄宗没有任用孟浩然，而是将他放还了。从孟浩然吓得隐匿的事情可见，王维对孟浩然真是不错，甘于冒着如此大的风险也要邀请好友来个内署一日游。

追星要理智，专注于自己的偶像就好了。而唐朝追星竟然出现了拉扯现象。比如元稹是杜甫的粉丝，他看了杜甫的诗作后对其推崇备至，在为杜甫写墓志铭时，还将杜甫和李白进行比较，他说：

> 时山东人李白，亦以奇文取称，时人谓之"李杜"。余观其壮浪纵恣，摆去拘束，模写物象，及乐府歌诗，诚亦差肩于子美矣。至若铺陈终始，排比声韵，大或千言，次犹数百，词气豪迈而风调清深，属对律切而脱弃凡近，则李尚不能历其藩翰，况堂奥乎！

意思是，李白虽然和杜甫以"李杜"并称，但他只是"壮浪纵恣，摆去拘束"，对于模写物象、乐府歌诗这些，和杜甫差一大截呢。至于什么铺陈、排比、声韵之类，李白更不能和杜甫比。元稹夸杜甫就夸杜甫，还踩了李白，这在当时引起了轩然大波。

元稹的好朋友白居易口气颇大，他在给元稹的信中对诗人们评点了一番，其中就包括李杜：

> 又诗之豪者，世称李、杜。李之作，才矣！奇矣！人不迫矣！索其风雅比兴，十无一焉。杜诗最多，可传者千余首。至于贯穿古今，觇缕格律，尽工尽善，又过于李焉。然撮其《新安》《石壕》《潼关吏》《芦子关》《花门》之章，"朱门酒肉臭，路有冻死骨"之句，亦不过十三四。

意思是，李白很有才，但是能严格按照诗的要求风雅比兴来的，十首诗歌里挑不出一首。杜甫的诗流传下来的有一千多首。但是像"朱门酒肉臭，路有冻死骨"这样的脍炙人口的诗句，也不过十三四首。

对于中唐时期的诗坛轻李杜的现象，韩愈看不下去了，他给自己的好友张籍，也就是杜甫的"死忠粉"写了一首诗，诗中写道："李杜文章在，光焰万丈长。不知群儿愚，那用故谤伤。蚍蜉撼大树，可笑不自量！伊我生其后，举颈遥相望……"后生晚辈，应该尊敬前辈，努力学习前人的成就，而不是互相拉踩，蚍蜉撼树，自不量力。

韩愈的话可谓一针见血，我们在追星时也要理智，在追捧偶像的同时不能贬低别人的偶像。最重要的是，在追星的路上，迎着偶像的光芒奋力前进，多增长学识和修养，要成为一个可以和偶像对话与比肩的人。

杜甫亲自示范追星的正确方式

李白是天之骄子，纵情恣肆，又是"安能摧眉折腰事权贵，使我不得开心颜"，又是"五花马，千金裘，呼儿将出换美酒，与尔同销万古愁"，李白的狂荡不羁与盛唐的气韵同步，所以他的诗名和气度也如他写的那样，"大鹏一日同风起，扶摇直上九万里"。

如此浪漫、自由、狂放、潇洒、不羁的李白，自然有一大票迷弟。而杜甫就是其中之一。当时有人戏称，杜甫给李白写了很多首诗，但李白一首也没回。因为他忙着给别人写诗，比如他的偶像孟浩然，比如汪伦，比如没有说清姓名的友人。

天宝三载（744 年），杜甫在洛阳与被唐玄宗"赐金放还"的李白第一次相遇。此时的李白名满天下，而杜甫相比李白显然黯淡得多。李白和杜甫一起游览了梁园，和他们同行的还有高适。杜甫的心情是异常欢喜的，为了纪念这次游园，杜甫写下了《赠李白》：

二年客东都，所历厌机巧。野人对膻腥，蔬食常不饱。

岂无青精饭，使我颜色好。苦乏大药资，山林迹如扫。

李侯金闺彦，脱身事幽讨。亦有梁宋游，方期拾瑶草。

天宝三载（744年），李白与杜甫在东都洛阳相识初会，之后又有两次分别在梁宋、东鲁会面，在携手同游、把酒论文中结成深交。每次分别，都是依依惜别。

　　天宝四载（745年），李白和杜甫又在鲁郡（今山东曲阜市）见面了。他们促膝长谈，饮酒作诗，非常快活。杜甫在《与李十二白同寻范十隐居》中，说他与李白亲如兄弟，"醉眠秋共被，携手日同行"，意思是，白天手拉着手出行，晚上睡在一张床上，共盖一条被子。

　　此后，杜甫就成为李白的坚定拥趸。就在这一年，李杜分别了。杜甫要去长安，李白要奔赴江东，李白为杜甫饯别，写了一首《鲁郡东石门送杜二甫》：

　　　　醉别复几日，登临遍池台。何时石门路，重有金樽开。

　　　　秋波落泗水，海色明徂徕。飞蓬各自远，且尽手中杯。

　　谁知此次分别，竟然是他们的最后一面，真的是"人如飞蓬各自远"了。

李白是给杜甫写过诗的，这就是明证。李白还写过《戏赠杜甫》，调侃杜甫写诗苦。即"饭颗山头逢杜甫，顶戴笠子日卓午。借问别来太瘦生，总为从前作诗苦"。

杜甫的心自始至终都朝着李白这轮明月。他在冬日寂寞的书斋里，"终朝独尔思"，日日想着李白；他在春天里，想着"何时一樽酒"，可以与李白"重与细论文"；当他得知李白生死难料时，他"三夜频梦君，情亲见君意"，连着几天做梦梦见李白；当他听到李白被赦免，他则开始盼望能快点收到李白的消息，希望他能到自己的家乡来，"鸿雁几时到，江湖秋水多"，他的心是十分焦急的。

要说到追星的正确打开方式，杜甫的确是一个典范。"昔年有狂客，号尔谪仙人。笔落惊风雨，诗成泣鬼神。"他不仅仰慕李白的诗情，更能体会到李白的艰难。在《梦李白》中，杜甫体味出李白的辛酸和低落："出门搔白首，若负平生志。冠盖满京华，斯人独憔悴。"这是杜甫想象的李白，又何尝不是真正的李白呢？

李白自由洒脱，无拘无束，写诗讲究"一泻千里"，作为他的忠实粉丝的杜甫却工于格律，字斟句酌，沉郁顿挫，忧国忧民。杜甫开创了另一条道路，从偶像的影子中走出来，与偶像比肩，也许这是追星的最好的打开方式。

在唐朝斗鸡，会遭祸？还是会得福

唐朝比较流行斗鸡，上至皇室贵族，下至平民百姓都为之疯狂。《新唐书》中记载："诸王日朝侧门，既归，即具乐纵饮，击球、斗鸡、驰鹰犬为乐，如是岁月不绝。"诸王以斗鸡为乐，整日做着这样的游戏。沛王李贤与英王李显曾经进行过一次斗鸡比赛，初唐四杰之一的王勃却因此事遭受无妄之灾，究竟是怎么回事呢？

原来，王勃那时正是沛王李贤的幕僚。为了这场战斗，他写了篇文章叫《檄英王鸡》，假托沛王的鸡写下，来征讨英王的鸡。这是玩乐所作的文章，本无足挂齿，但这件事传到了唐高宗李治那里，李治颇为震怒。《新唐书》中记载："高宗怒曰：'是且交构。'斥出府。"唐高宗给王勃的这一恶搞扣了个大帽子，说他结党营私、离间兄弟，后来王勃就被放逐了。

为什么王勃的一个小玩笑就遭到如此重的处罚呢？因为这触及李唐王室敏感的神经。兄弟阋墙的戏码是李唐王室不想提及的"隐私"。因为唐太宗李世民曾发动玄武门之变，斩杀太子李建成和李元吉。而唐高宗上位也经历了一番波折。唐太宗最先立长子李承乾为太子，后来对李承乾不满，想改立自己最喜欢的儿子魏王李泰。《旧唐书》中记载，"时魏王为太宗所爱，礼秩如嫡"，也讲魏王李泰因"时皇太子承乾有足疾，泰潜有夺嫡之意"。

等到太子李承乾被废后，唐太宗许诺立魏王李泰为太子。魏王李泰说："臣今日始得为陛下子，乃更生之日也。臣有一子，臣死之日，当为陛下杀之，传位晋王。"意思是，唐太宗如果传位给他李泰，等到他龙驭上宾之前，会将自己的儿子杀死，将皇位让给自己的弟弟晋王。李泰承诺的会杀死自己儿子的残忍说法，当即让唐太宗放弃了立魏王李泰为太子的想法，最终立了晋王李治为太子，也就是后来的唐高宗。

有了之前的这些事，唐高宗李治对兄弟相争十分敏感，王勃正是撞枪口上了。被贬的王勃游山玩水，写了很多诗篇。相传，唐高宗读到王勃的《滕王阁序》后，赞叹为千古绝唱；读到王勃的《滕王阁》一诗后，连连称赞是好诗。此时的唐高宗因当初的斗鸡文贬斥王勃而后悔，想要把他征召回来，于是询问身边人王勃的下落。身边人说王勃已经落水而亡，唐高宗听后连叹了三个"可惜"。

王勃因斗鸡受到贬谪，但贾昌却因斗鸡而加官晋爵。起初，贾昌家境贫寒，但是养鸡颇有一套本事。《太平广记》中说："三尺童子入鸡群，如狎群小，壮

唐代握笔文吏俑

者、弱者、勇者、怯者，水谷之时，疾病之候，悉能知之。"意思是，鸡都听贾昌的，贾昌对鸡的习性了如指掌。唐玄宗就给了贾昌许多恩赏，还为他赐婚。《太平广记》中记载，"玄宗为娶梨园弟子潘大同女，男服珮玉，女服绣襦，皆出御府"。贾昌的妻子深受杨贵妃的喜欢，他们夫妇两人可谓皇上和贵妃面前的红人。当时就有歌谣唱道："生儿不用识文字，斗鸡走马胜读书。贾家小儿年十三，富贵荣华代不如。"

和贾昌一样因为斗鸡而受宠或升官的大有人在。《大唐新语》中记载："杜淹为天策府兵曹，杨文幹之乱，流越巂。太宗戡内难，以为御史大夫。因咏鸡以致意焉。"《新唐书》中记载，姜皎"出入卧内，陪燕私，诏许舍敬，坐与妃嫔连榻，间击球斗鸡，呼之不名也。赐宫女、厩马及它珍物，前后不胜计"。杜淹和姜皎都是因斗鸡而走上了人生的巅峰。

还有人因斗鸡得到皇帝的宠幸，表现得嚣张跋扈、目中无人。《明皇杂录》中记载，王铁之子王准"为卫尉少卿，出入以斗鸡侍帝左右"。王准竟然敢欺负李林甫的儿子李岫，李岫也是敢怒不敢言。王准对待驸马王瑶也毫不在乎，驸马看见他表现得毕恭毕敬，远远地就上前去叩拜施礼，而他用弹丸打掉了驸马帽子上的玉簪，不仅不道歉，反而嘲笑了驸马一番。即便如此，驸马还特意款待王准，永穆公主则出场作陪。对于驸马和公主对王准这种毕恭毕敬、谨小慎微的态度，有人很不解，问道："鼠辈虽恃其父势，然长公主帝爱女，君待之或阙，帝岂不介意邪？"驸马王瑶说："天子怒无所畏，但性命系七郎，安敢不尔！"可见，王准的气焰是有多么嚣张。

对待像王准这样的人，李白曾经进行过辛辣的讽刺。李白在《答王十二寒夜独酌有怀》中说:"君不能狸膏金距学斗鸡,坐令鼻息吹虹霓。"将狸膏金距学斗鸡的人谄媚邀宠的丑相揭露出来。贯休《轻薄篇二首》中直言斗鸡少年的轻薄:"谁家少年,马蹄蹋蹋。斗鸡走狗夜不归,一掷赌却如花妾。谁云不颠不狂,其名不彰,悲夫!"

其实,李白也是个斗鸡者,他在《叙旧赠江阳宰陆调》中说,"我昔斗鸡徒,连延五陵豪",对自己斗鸡的经历颇为自豪。郭子仪的儿子郭暧,就是娶了昇平公主的那位驸马爷,也喜欢斗鸡,李端曾经写了一首诗《赠郭驸马》说:"青春都尉最风流,二十功成便拜侯。金距斗鸡过上苑,玉鞭骑马出长楸。"由此可见,斗鸡行为在当时是值得炫耀的资本。

在唐朝,斗鸡本没有错,错就错在掌权者纵容与偏袒斗鸡者,斗鸡者又偏偏要靠自己斗鸡的本事邀宠,致使国家纲纪大乱。比如唐玄宗,就带动了不好的风气。《新唐书》中记载:"玄宗好斗鸡,贵臣、外戚皆尚之,贫者或弄木鸡。"而且唐朝喜欢斗鸡的皇帝不只他一个,唐文宗、唐穆宗、唐僖宗等都是斗鸡爱好者。如果国家上下的人都耽溺于玩乐,那国祚又能延长多久呢?

安史之乱爆发后,曾经的斗鸡少年贾昌没了用武之地。他曾颠沛流离,也曾皈依佛舍,等到战乱平息后,他回到自己的家乡,这里早已是一片惨败的景象。他的气运同整个大唐的命运一样,经历了安史之乱的动荡后再难有蓬勃之势。

神奇诡谲的大唐幻术,究竟有什么名堂

翻阅浩如烟海的唐朝史料,总能在其中看到有关幻术的记载。比如《太平广记》引《续仙传》中"马自然"一条记载了种瓜的幻术。马自然一顿操作之后,在座的人"皆称香美,异于常瓜"。韩愈的侄孙、八仙之一的韩湘子也表演过类似的幻术,《唐才子传》中记载,"湘聚土,以盆覆之,噀水。良久,开碧花二朵"，其中一朵花上还有韩愈的一首诗，可谓十分神奇。如此精彩的表演在引发人们无穷的想象的同时，我们不禁会问：真的有这么神奇吗？

幻术根源于我国古代的幻术表演和文学渲染。东晋葛洪《神仙传》中记载，"介象者，字元则，会稽人也"。他会隐身术，"试还后宫，及出殿门"，没有人看得见他。他还擅长变化，"种瓜菜百果，皆立生可食"。东晋干宝《搜神记》中记载，"吴时有徐光者，尝行术于市里"。徐光向卖瓜人求乞一个瓜，瓜主人不给，他便索取了一瓣，"杖地种之，俄而瓜生，蔓延，生花，成实"，从种下到开花结果，分分钟就完成了，他把瓜分给观看的人食用。卖瓜者只顾着看热闹，看到自己所卖的瓜全没了。尽管这两本文献都充满了传奇的色彩，但也从侧面说明了此种幻术并非唐朝才产生或独有的，其实早在晋朝就有人表演了。

除了"种瓜"的幻术表演，在当时还有许多神奇的幻术表演。唐朝孙颀《幻异志》中记载，一个叫施衔推的人会表演一些幻术。他曾在朋友家的宴会上表演助兴，他"乃剪纸作一髻儿，执标子抛向地"，然后下令让这些纸人跳舞，自己则唱歌为其配乐，纸人果然参差不齐地跳起舞来。

《朝野佥载》中记载，贞观年间，恒州有彭闿和高瓒二人，在大醮场上斗豪，两朋竞胜，"闿活捉一豚，从头咬至项，放之地上仍走。瓒取猫儿从尾食之，肠肚俱尽，仍鸣唤不止。闿于是乎帖然心伏"。这种生吞海豚、猫儿的重口味表演，也够瘆人的。更有甚者，有些术士在人的身上打起了主意。比如，"凌空观叶道士咒刀，尽力斩病人肚，横桃柳于腹上，桃柳断而内不伤。复将双刀斫一女子，应手两断，血流遍地，家人大哭。道士取续之，喷水而咒，须臾平复如故。"这种让人死而复生的戏法虽然令观看表演的观众屏息以待，惊叹神奇，但难免引起大家的不适。

隐身术也是幻术表演常见的把戏。《太平广记》中"李淳风"一条记载，李淳风曾对唐太宗说："北斗七星当化为人，明日至西市饮酒，宜令候取。"唐太宗就赶忙命人到西市静候，等到有婆罗门僧七人到西市的酒肆，唐太宗派的人赶紧过来宣旨，请七人到皇宫。使者刚下楼，婆罗门僧七人已经不见了踪迹。从幻术的角度来说，婆罗门僧使用的便是隐身术。

隐身术如此神奇，就连唐玄宗也想学。《唐语林》中记载："玄宗好神仙，往往诏郡国征奇异之士。"《酉阳杂俎》中记载，唐玄宗曾向罗公远学隐身术，但是他道行不够，"或衣带、或巾脚不能隐"，唐玄宗很不高兴，问罗公远原因。罗公远说："陛下未能脱屣天下，而以道为戏，若尽臣术，必怀玺入人家，将困于鱼服也。"意思是，罗公远对唐玄宗有所保留，没有将自己所学和盘托出。唐玄宗非常生气，怒骂罗公远。罗公远就隐身到殿柱中，急促陈述唐玄宗的过失。唐玄宗听了更为恼火，就命人将殿柱打坏。罗公远又隐匿在石碱中继续陈说，石碱就是柱下石头，罗公远的形在上面，有一寸多长，唐玄宗就命人将柱石碎成十来段，每段柱石上都有罗公远的形。这可把唐玄宗吓坏了，他赶紧道歉，罗公远才不见了。后来。有中使在四川见到罗公远。罗公远笑着说："为我谢陛下。"这个故事虽然有点夸张，含有道德劝诫的意味，但从侧面反映了幻术表演者服务于宫廷的现象。

《太平广记》中"罗公远"一条记载，唐玄宗和武惠妃游东都洛阳，在上阳宫麟趾殿想要解解闷，观看一场表演。这时候陪同他们的有罗公远、叶尊师、金刚三藏。唐玄宗说："吾方闲闷。可试小法以为乐也？师试为朕举此方木。"叶尊师就做法举方木，但是一头起来了，一头不起。唐玄宗问其原因，叶尊师说道："三藏使金刚善神，众压一头，故不举。"这下子把武惠妃高兴坏了，因为"玄宗奉道，武妃宗释"，金刚三藏这位佛教代表人物压了叶尊师这位道教代表人物一头。除了武惠妃，金刚三藏心里也偷着乐。唐玄宗又让金刚三藏"咒法善入澡瓶"，金刚三藏受诏置瓶，他刚念了几遍咒语，叶尊师的身体就向瓶口跑去。金刚三藏接着念了几遍，最后叶尊师就钻进瓶子里了，这让奉道的唐玄宗很不高兴。过了一会儿，唐玄宗问金刚三藏，能不能把叶尊师放出来。金刚三藏说："是僧之本法也。"于是开始念咒，但是念了好多遍，叶尊师都没出来。唐

明皇并马图　徐操

玄宗说："朕之法师，今为三藏所咒而没，不得见矣。"武惠妃和金刚三藏都感到很害怕。这时，唐玄宗就问罗公远怎么办。罗公远说马上就出来了。过了一会儿，叶尊师果然出来了，他说："宁王邀臣吃饭，面奏的不放，臣适宁王家食讫而来，不因一咒，何以去也！"

接着，该叶尊师表演了。只见他取来金刚三藏的金襴袈裟折叠起来，再用盆子盖上，他禹步叩齿，绕三匝说："太上老君摄去。"袈裟果然不见了。之后，叶尊师又施咒，咒曰："太上老君正之。"袈裟又回来了。叶尊师又取了金刚三藏的钵，"烧之烘赤，手捧以合三藏头"，金刚三藏吓得"失声而走"。

唐玄宗对罗公远说："师不能为朕作一术以欢朕耶？"意思是，唐玄宗要求罗公远展现真正的技术。金刚三藏就说，自己把袈裟藏起来，让罗公远取，取不到则罗公远输，取到则自己输。金刚三藏于是"结坛焚香，自于坛上跏趺作法"，他给袈裟做了重重保护，"取袈裟贮之银合；又安数重木函，皆有封锁，置于坛上。玄宗与武妃、叶公，皆见中有一重菩萨，外有一重金甲神人，外以一重金刚围之，贤圣比肩，环绕甚严"，而金刚三藏则目不转睛地盯着。罗公远

带着指南回大唐

"坐绳床，言笑自若"，似乎没做什么，他就让人开函取袈裟，只见盒子外面的封锁都是好的，但是里面已经是空的了。原来，罗公远已经将袈裟放在自己院子的柜子里了。唐玄宗十分高兴，"赏赉无数"。

据说，杨贵妃也十分喜欢幻术表演。有一个叫孙甑生的人能"辇石累卵，折草为人马"，杨贵妃便经常诏他入宫表演。

不光是皇室贵族可以欣赏幻术表演，在民间，百姓也有机会欣赏。《太平广记》中记载："京国顷岁，街陌中有聚观戏场者。"想必当时的场景十分热闹。唐朝城市规模进一步扩大，商品经济繁荣，许多百姓都有机会走上街头欣赏幻术表演。《乐府杂录》中记载，有一次大酺表演幻术，观看的人有"数千万众"。

幻术设计了很多科学知识，表演者比一般人较早地掌握这些知识，所以他们进行表演的时候，普通人就会觉得神奇独特。《酉阳杂俎》中记载了唐大历年间一个术士表演的一场幻术，"合彩色于一器中，骤步抓目，徐祝数十言，方欲水再三噀壁上，成维摩问疾变相，五色相宣如新写。逮半日余，色渐薄，至暮都灭"。用现在的观点来看，这必是术士将墙面和水做过处理，使往墙面喷水后产生了化学反应，墙面才会出现变化。

幻术类似今天的魔术，表演的秘诀仅小部分人知晓，群众很难窥测其中的奥秘，这就使幻术在大众看来极为神秘。而且古代没魔术揭秘可看，同行一般不会砸自己的饭碗。再加之古代人缺乏科学精神，喜欢用鬼神等超自然现象去解释问题，这就使史料的描述越发玄幻。

唐朝流行的"桌游"知多少

现如今，人们聚到一起，可以下棋、打扑克、打麻将……这些游戏统称为桌游，属于静态游戏，和大型的户外活动有天壤之别。其实在唐朝，人们也热衷于桌游，而且玩的花样还挺多的。

樗蒲

樗蒲是古代的一种棋类游戏。相传是老子创造的这款游戏。《晋中兴书》中记载："樗蒲，老子入胡所作，外国戏耳。"东汉马融《樗蒲赋》中有"枰则素旃紫羁"之言，我们可以推测出棋盘有白、紫二色。按照唐朝李肇在《唐国史补》中"人执六马，其骰五枚"的说法，玩家每人有六颗棋子、五颗骰子，这五颗骰子由木头制成，所以也叫"五木"。"五木"有"黑、白、雉、犊"四种花色，掷骰子就会产生"卢""塞""秃""雉""枭""撅""犊""塔""开""白"十种"采"。玩家根据所掷骰子的"采"，移动棋子走相应的步数。"掷之全黑者为卢，其采十六；二雉三黑为雉，其采十四；二犊三白为犊，其采十；全白为白，其采八。"如果掷的采色为卢或雉，那就是厉害的采了，人们难免会激动得大叫，"呼卢喝雉"这个词就是这么来的。

樗蒲游戏在唐朝非常盛行，诗仙李白和诗圣杜甫都曾接触过。李白《少年行》中"呼卢百万终不惜，报仇千里如咫尺"，描述的就是少年玩樗蒲的豪爽。杜甫在《今夕行》中有："咸阳客舍一事无，相与博塞为欢娱。冯陵大叫呼五白，袒跣不肯成枭卢。"杜甫给我们展现了一个十分有画面感的场景，住在咸阳客舍的人闲来无事玩樗蒲，有大呼小叫的，有热得敞开衣襟并光着脚丫的，十分热闹。

据说，杨国忠是樗蒲游戏的爱好者，而且玩得还不错。《新唐书》中记载："诸杨日为兼琼誉，而言国忠善摴蒲，玄宗引见，擢金吾兵曹参军、闲厩判官。"意思是，杨国忠因为会樗蒲而得到唐玄宗的另眼相看。

双陆

一套完整的双陆棋包括棋盘、棋子、骰子三个部分。其中，黑白棋子各 15 颗、骰子 2 个。骰子呈六面体，上刻有一至六的数值。双陆棋是一种供两人对弈的棋盘游戏，棋子的移动以掷骰子的点数决定，先把所有棋子移离棋盘的玩

者即获胜 。这种游戏很早就出现了，《事物纪原》中记载："陈思王曹子建制双陆，置投子二。"由此可以推断，双陆游戏出现不晚于三国时期。

唐朝薛用弱的小说《集异记》中记载了一个狄仁杰玩双陆赢张昌宗的集翠裘的故事。武则天赏赐了张昌宗一件"南海郡献集翠裘"，非常好看。这时狄仁杰来奏事，武则天一时兴起，就让狄仁杰和张昌宗打双陆。武则天问他们拿什么做赌注。狄仁杰说："争先三筹，赌昌宗所衣之裘。"狄仁杰自己以所穿的紫䌷袍做赌注。武则天笑了笑，说这裘价逾千金，你这衣服可与这件裘不对等，不值那么多钱。狄仁杰说："臣此袍乃大臣朝见奏对之衣。昌宗所衣，乃嬖倖宠遇之服，对臣此袍，臣犹怏怏。"狄仁杰的话挺直接的，意思是自己的衣服是大臣朝见奏对穿的，张昌宗的衣服不过是谄媚受到陛下恩宠所得，哪能和自己的比？以他的裘博我的衣服，我还觉得不高兴呢。最终，张昌宗连连输给狄仁杰，裘也输掉了。狄仁杰赢了裘，到光范门，就给家奴穿上了。

这个故事是野史的记载，真实性很难考证。但是，狄仁杰和武则天谈论的政事中，真有一件事是和双陆有关。《新唐书》中记载，有一次，武则天召见狄仁杰，问道："朕数梦双陆不胜，何也？"狄仁杰和王方庆都在，两人同时回答："双陆不胜，无子也。天其意者以儆陛下乎！且太子，天下本，本一摇，天

内人双陆图　唐　周昉

下危矣。"意思是，双陆不胜，是因为没有子。狄仁杰和王方庆借此劝诫武则天，将太子接回来，以固天下本。这一番话成功地让武则天赦免了太子，让天下重新回到了李氏子孙的手上。没想到这个游戏还发挥过这么大的作用。

叶子戏

叶子戏，又称叶子格。据说，叶子戏的发明人是唐朝贺州刺史李郃。《咸定录》中记载："唐李郃为贺州刺史，与妓人叶茂莲江行，因撰骰子选，谓之叶子戏。"李郃和官妓叶茂莲在江中玩耍时玩的就是叶子戏。

唐懿宗的同昌公主特别喜欢玩叶子戏，《杜阳杂编》中记载："韦氏诸家好为叶子戏，夜则公主以红琉璃盘盛夜光珠，令僧祁捧立堂中，而光明如昼焉。"同昌公主为了玩牌也是够拼的，竟然让祁姓僧人拿着夜明珠照亮。

叶子戏到底怎么玩？我们可以从古代文献中一窥叶子戏的风采：五代冯鉴在《续事始》中记载："唐末有叶子，不知谁置，遂加投子至六。"这和现在的扑克牌有些不同，叶子戏玩的时候需要掷骰子，而且有可能使用的是六个骰子。《渑水燕谈录》也对叶子戏有过描述："凡名彩二百二十七，逸彩二百四十七，总四百七十四彩。余家有其格，而世无能为者。"四百多种采听着的确太复杂了。

欧阳修的《归田录》中记载："叶子格者，自唐中世以后有之。……今其格，世或有之，而人无知者。"没想到这种玩法竟然失传了！不过，后代的许多游戏吸取了叶子戏的元素，比如宋代的宣和牌、牌九、马吊等。

弹棋

弹棋也是唐朝人特别喜欢玩的一种游戏。弹棋的起源，与蹴鞠有着紧密的关系。《西京杂记》中记载："成帝好蹴鞠，群臣以蹴鞠为劳体，非至尊所宜。帝曰'朕好之，可择似而不劳者奏之。'家君作弹棋以献，帝大悦，赐青羔裘、紫丝履，服以朝觐。"换句话说，弹棋是蹴鞠的替代品，大臣担心汉成帝的身体因蹴鞠有所损伤，就发明了弹棋供他玩耍。还有一种说法，弹棋是东方朔为汉武帝发明的。晋代徐广在《弹棋经序》中说："弹棋者，仙家之戏也。昔汉武帝平西域，得胡人善蹴鞠者，盖炫其便捷跳跃，帝好而为之。群臣不能谏，侍臣东方朔因以此艺进之，帝就舍蹴鞠，而上弹棋焉。"

弹棋作为蹴鞠的完美替代，和蹴鞠有很多相似的地方。《弹棋赋》中说："圆鞠方墙，仿象阴阳。"棋盘看上去和球场很相似，都是方的。弹球和蹴球很像，都是圆的。王建《宫词》中在描写宫女玩弹棋的同时也透露了弹棋的玩法："弹棋玉指两参差……先打角头红子落。"即用两根手指头交叉着弹球。这些宫女玩得也很起劲，"向晚移镫上银簟，丛丛绿鬓坐弹棋"，大家一起坐在梧桐树下，有坐着玩弹棋的、有观赏的，不亦乐乎。

上至皇帝下到平民都喜欢玩弹棋，《天中记》中记载，唐顺宗"甚好弹棋"。韩愈曾经和别人玩弹棋，并且还赢了。他在《画记》中表现出那份沾沾自喜："余在京师，甚无事。同居有独孤生申叔者，始得此画，而与余弹綦，余幸胜而获焉。"白居易也曾说自己玩弹棋的水平还不错，对此有"弹棋局上事，最妙是长斜"的见解。

围棋

围棋传说为帝尧所做，春秋战国时期即有记载，发展到唐朝已经相当成熟了。据说唐玄宗特别喜欢下围棋。《酉阳杂俎》中记载，一次，唐玄宗与亲王下围棋，杨贵妃在一旁观看。眼看着唐玄宗快要输了，杨贵妃急中生智，"贵妃放康国猧子于坐侧。猧子乃上局，局子乱"，猧子是宠物狗，小狗把棋盘抄了，挽救了唐玄宗将输的尴尬局面，使龙颜大悦。

唐僖宗李儇也爱下围棋，对政事不上心的他却对玩的事情格外上心。据《天中记》中记载，他日有所思，夜有所梦，"梦人以《棋经》三卷，焚而使吞之"，等到他睡醒后，立马找来棋待诏来考量一下自己的水平。

值得一提的是，唐朝还出现了职业选手"棋待诏"，比较有名的国手有王积薪、顾师言、王叔文等。这些棋待诏不仅与国人对弈，还有机会参加国际赛事。《旧唐书》中记载，唐宣宗大中二年（848年），顾师言曾经与日本王子过诏。更有甚者，棋待诏还曾远赴国外对弈，比如开元二十五年（737年），新罗国王去世，唐朝"仍遣左赞善大夫邢璹摄鸿胪少卿，往新罗吊祭"，又因为新罗"其人多善弈棋"，大唐还派去了个围棋高手杨季鹰同往。结果杨季鹰去了新罗大杀四方，"其国棋者皆在季鹰之下，于是厚赂璹等金宝及药物等。"杨季鹰一行收获满满地回国了。

第三章

偷得浮生半日闲：
韵律十足的动感大唐

大唐舞蹈文化：老夫能请你跳个舞吗

唐朝人是自信和开放的，他们经常"一言不合"就跳舞。《旧唐书》中记载，武则天想要升杜审言的官，问他："卿欢喜否？"杜审言回答："蹈舞谢恩。"为了表示对武则天提拔的欢喜，杜审言竟然要当着文武百官的面舞动一曲。而韩思彦却因见了武则天不跳舞而被罢官。《新唐书》中记载："思彦久去朝，仪矩梗野，拜忘蹈舞，又诋外戚擅权，后恶之。中书令李敬玄劾奏思彦见天子不蹈舞，负气鞅鞅，不可用。"

为何舞蹈能发挥如此大的作用呢？其实"蹈舞"不是一时兴起，而是一种礼节。《隋书》中就曾记载官员朝拜君王时，有一个流程即"皇帝举酒，上下舞蹈，三称万岁"。在很多场合，"蹈舞"都发挥着重大作用，除了朝拜君王与感谢君恩外，还会在战胜胜利时舞蹈。《资治通鉴》中记载："上皇闻擒颉利，叹曰：'汉高祖困白登，不能报；今我子能灭突厥，吾托付得人，复何忧哉！'上皇召上与贵臣十余人及诸王、妃、主置酒凌烟阁，酒酣，上皇自弹琵琶，上起舞，公卿迭起为寿，逮夜而罢。"因为打了胜仗，李世民狂舞一曲。

在唐朝，"蹈舞"也被运用到外交场合。《新唐书》中记载，雍王去见回纥可汗，可汗斥责雍王不行蹈舞的礼节，他们认为："可汗为唐天子弟，于王，叔父行也，容有不蹈舞乎？"而雍王使臣认为："元帅，唐太子也，将君中国，而可舞蹈见可汗哉？"因为蹈舞礼节起了争执，可见当时大唐和少数民族对蹈舞礼节的认知存在一定的偏差。

在民间，从西域传来的胡旋舞盛行于大唐。《通典》中记载："舞急转如风，俗谓之胡旋。"元稹在《胡旋女》中描摹了胡旋女在跳舞时的情态：

胡旋之义世莫知，胡旋之容我能传。

蓬断霜根羊角疾，竿戴朱盘火轮炫。

骊珠迸珥逐飞星，虹晕轻巾掣流电。

潜鲸暗吸笪波海，回风乱舞当空霰。

万过其谁辨终始，四座安能分背面。

才人观者相为言，承奉君恩在圆变。

由此可见，舞者转动的速度很快，带动身边的衣襟回风乱舞，姿态曼妙轻盈。白居易在《胡旋女·戒近习也》中写道："天宝季年时欲变，臣妾人人学圜转。中有太真外禄山，二人最道能胡旋。"在当时，杨贵妃和安禄山最擅长胡旋舞。杨贵妃擅长跳胡旋舞还可以理解，安禄山可是出了名的大胖子，《旧唐书》中记载他："晚年益肥壮，腹垂过膝，重三百三十斤，每行以肩膊左右抬挽其身，方能移步。"意思是，安禄山肚子的赘肉都垂到膝盖了，他有三百三十斤重，行走都已经很困难了，需要别人帮助，他才能移动。但没想到这样的一个人，"至玄宗前，作胡旋舞疾如风焉"，可谓十分神奇。

除了胡旋舞，唐人还喜欢观看剑舞，特别是公孙大娘表演的剑舞。"昔有佳人公孙氏，一舞剑器动四方。观者如山色沮丧，天地为之久低昂。"杜甫看到公孙大娘的弟子表演的剑舞后击节赞叹，想象公孙大娘本人的表演该是多么变幻无穷，于是写了这首《观公孙大娘弟子舞剑器行》。司空图在《剑器》中说："楼下公孙昔擅场，空教女子爱军装。"郑嵎在《津阳门诗》中说："都卢寻橦诚龌龊，公孙剑伎方神奇。"可见公孙大娘在当时是真正的表演艺术家，得到了很多人的赞赏。

公孙大娘舞剑器图

公孙大娘的粉丝，除了这些诗人，还有一票大腕儿。梨园领袖唐玄宗对公孙大娘的技艺也是赞不绝口。《明皇杂录》中记载："上素晓音律。时有公孙大娘者，善舞剑，能为《邻里曲》《裴将军满堂势》《西河剑器浑脱》。遗妍妙，皆冠绝于时。"

书法家张旭在公孙大娘的剑舞里找到灵感，将自己的书法技艺提升到更高的层次。《唐国史补》中记载，张旭说："见公孙氏舞剑器，而得其神。"杜甫在《观公孙大娘弟子舞剑器行》的序言中提到了这件事：

往者吴人张旭，善草书书帖，数常于邺县见公孙大娘舞西河剑器，自此草书长进。豪荡感激，即公孙可知矣。

想必这件事所言不虚。因为同样的事情还发生在画家吴道子身上，他观看裴旻的剑舞，"出没神怪既毕，乃挥毫益进"。可见在舞蹈的律动和节奏中，往往暗含着艺术的神髓和真谛。

唐王朝的时代缩影：从舞马看唐人有多爱马

唐人是十分爱马的，从昭陵六骏到出土的珍贵文物三彩马、白陶舞马、彩绘陶马与驯马俑、舞马衔杯纹银壶、有关马的壁画，等等，都在诉说着唐朝与马的不解之缘。而要说马在盛世的作用，就不得不提一项表演，其彰显了大唐恢宏的气度与盛世华年蓬勃的气势——舞马。舞马是古代的驯马表演，我们可以理解为古代版盛大的马戏表演。

唐玄宗执政期间，唐朝迎来了最鼎盛的时期，舞马表演最为兴盛。《明皇杂录补遗》中记载：

> 玄宗尝命教舞马四百蹄各为左右，分为部目，为某家宠、某家骄。时塞外亦有善马来贡者，上俾之教习，无不曲尽其妙。因命衣以文绣，络以金银，饰其鬃鬣，间杂珠玉。其曲谓之《倾杯乐》者数十回，奋首鼓尾，纵横应节。又施三层板床，乘马而上，旋转如飞。或命壮士举一榻，马舞于榻上，乐工数人立左右前后，皆衣淡黄衫、文玉带，必求少年而姿貌美秀者。每千秋节，命舞于勤政楼下。

由此可以看出，舞马的规模相当宏大，表演的马会施以华丽的装饰，马会随着音乐应声起舞。舞马者和马配合默契，乐工还特意为表演演奏乐曲，马儿似乎也通音乐似的。最让人称道的是，马儿还能踏上三层板床，旋转如飞。或是马儿如赵飞燕般舞于榻上，而这个榻是要被壮士举起来的。没有经过长时间的训练，应该很难做到。这样的马堪称马中表演艺术家。《通典》中对舞马也进行了描述："今翔麟、凤苑厩有蹀马，俯仰腾跃，皆合曲节。"可见，舞马的音乐"造诣"还真的挺高。

唐人早已用唯美的文字将舞马的曼妙描绘了下来。比如大诗人杜甫曾写有"舞阶衔寿酒，走索背秋毫"，可见舞马表演的难度很高。张说更是写过六首《舞马词》，将舞马的精彩绝伦与大唐盛世的恢宏粲然一泻而下：

(一)

万玉朝宗凤扆，千金率领龙媒。

眄鼓凝骄蹴踏，听歌弄影徘徊。

（二）

天鹿遥征卫叔，日龙上借羲和。

将共两骖争舞，来随八骏齐歌。

（三）

彩旄八佾成行，时龙五色因方。

屈膝衔杯赴节，倾心献寿无疆。

（四）

帝皂龙驹沛艾，星兰骥子权奇。

腾倚骧洋应节，繁骄接迹不移。

（五）

二圣先天合德，群灵率土可封。

击石骙骙紫燕，拟金顾步苍龙。

（六）

圣君出震应箓，神马浮河献图。

足踏天庭鼓舞，心将帝乐蹢躅。

　　唐朝管理舞马的机构相当完善。唐玄宗时期，设立内闲厩来管理舞马，而且闲厩使下还设置司库、奉乘和司廪来分别管理马匹的数量、训练和饲料。这些马儿得到了精心的照顾。

　　然而好景不长，安史之乱爆发后，唐玄宗都自顾不暇了，哪里有功夫来管这些舞马。有几十匹舞马落入安禄山的手中。安禄山死后，这些舞马又落入他的部将田承嗣的手中。唐朝郑嵎在《津阳门诗》序注中说："有存者，一旦于厩上闻鼓声，顿挫其舞。厩人恶之，举篲以击之。其马尚为怒未妍妙，因更奋击宛转，曲尽其态。厮恐，以告。承嗣以为妖，遂戮之，而舞马自此绝矣。"意思是，在军中奏乐的时候，这些舞马条件反射，跳了起来。养马的人看到后，就用鞭子抽这些马。这些马误以为是自己舞得不够卖力所以受到鞭打，然后就跳得更卖力。田承嗣和他的部下都是一些大老粗，没见过世面，看到这一场景，感觉非常诡异。于是，田承嗣下令将这些舞马全部杀死了。

覆巢之下，焉有完卵。大唐王朝的衰败，这些舞马自然难以得

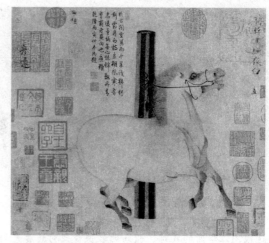

照夜白图　唐　韩幹

到保全。正如陆龟蒙所说，"曲终似要君王宠，回望红楼不敢嘶"，这些舞马本就可怜，又无辜被杀，令人痛惜叹惋。

逢春不游乐，但恐是痴人：唐人和春天的约会

每年的三月三日上巳节，是大唐的公休日。这一天，唐玄宗往往会携杨贵妃在宫中举行盛大的宴会，赏花捕蝶，还给百官赐钱造食，任逐游赏。有美人相伴，非踏青不足以骋其怀。牡丹花开之时，唐玄宗就与杨贵妃于沉香亭畔一同观赏，并让随侍的李白写诗；内苑桃花盛开时，唐玄宗和杨贵妃也会在管弦合鸣中花下宴饮。作为风流天子，唐玄宗与杨贵妃"逐宴于树下"，还亲手为其插戴春红，言称"此个花，尤能助娇态也"。

有了唐玄宗的鼓励，上至达官显贵，下至黎民百姓，一时万家车马涌出城外，寻幽览胜，罗绮生风。这不，杨贵妃的三姐虢国夫人和八姐秦国夫人也坐不住了。在上巳节这一天，她们摆开阵仗游春去了。她们的游春队伍浩浩荡荡，一群人骑马执鞭，徐徐前行。走在最前面的是一个中年从监，紧随其后的是一个乘菊花青马的仕女，在仕女的斜后方是另一个乘黑骏马的中年从监。这三骑

虢国夫人游春图　唐　张萱

这幅图以华丽的装饰、骏马的轻快步伐衬托春光的明媚；以前松后紧的画面结构，传达出春的节奏；而人物的丰润圆满，丰姿绰约，体现了大唐盛世的庄严与华贵。

成为前面的开路先锋，和后面一群人一起将虢国夫人和秦国夫人拱卫在中间。

那么，虢国夫人和秦国夫人两姐妹此行是要到哪里去呢？很有可能是长安东南边的曲江池。自从唐玄宗将汉武帝所造的曲江池修葺改造之后，这里就成了"长堤十里转香车，两岸烟花锦不如"的踏春游览胜地了。曲江池两岸垂柳婀娜飘逸，池中彩船竞逐，水边多有身着艳装，漫步赏游的丽人，美好的氛围令人沉醉。

除了曲江池，长安南郊的樊川也是个游玩的好去处。每到初春时节，这里就有桃花绵延数十里，美不胜收。据说，唐朝诗人崔护曾经在清明时节来樊川踏青赏桃花，一时口干舌燥，便来到一户人家敲门求水。过了一会儿，有个姑娘前来开门，在灼灼桃花的映衬下，姑娘面色红润、俊秀非常，崔护顿生爱慕之心。第二年春天，崔护再度来到樊川，寻到了先前的门庭，却发现大门紧锁，那姑娘也销声匿迹了。崔护心中惋惜，便在门扇两边题了首诗："去年今日此门中，人面桃花相映红。人面不知何处去，桃花依旧笑春风。"

按说这个故事到此就戛然而止了，可后人感念诗中所含的真情，偏偏给崔护和这位姑娘续写了一个曲折但最终完美的结局。于是"崔护游春"的故事，就有了《太平广记》中的续集。崔护再访姑娘不得之后，心中难耐，于是又一次去了樊川那位姑娘的家。却得知姑娘已死，顿时大惊！原来，去年一别之后，这位姑娘就神思颠倒，前几天和父亲出门，正好错过了崔护的拜访。回来看到崔护的题诗，竟然一病不起，刚刚去世。崔护请求亲自吊唁，发现姑娘一如生前，面如桃花，如熟睡之姿。崔护字字含泪、声声带血地呼唤心爱的姑娘，竟然使她死而复生。最后两人结为夫妻，崔护官场得意，做到了岭南节度使。可见年轻男女在初春时节去踏青，说不定真的会遇见如意伴侣呢！

上流社会最烧钱的运动，非围猎莫属

贞观五年（631年）正月十三日，唐太宗李世民为宣扬大唐的文治武功，特意带了一批藩夷君长狩猎于昆明池。其间，唐太宗发表了自己认为的人生三大乐事："大丈夫在世，乐事有三。天下太平，家给人足，一乐也；草浅兽肥，以礼畋狩，弓不虚发，箭不妄中，二乐也；六合大同，万方咸庆，张乐高宴，上下欢洽，三乐也。"可见唐太宗的狩猎活动，并不仅仅是一种豪迈的取乐活动，更寄予了他深厚的民生和大一统的思想。

有唐一代的狩猎活动，是被纳入军礼的一项重要活动。有着颇为隆重的仪式感。进行狩猎之前，要由管理山泽的虞部来组织开展休整猎场的工程，确保万无一失。在狩猎前一天拂晓，陪猎的将士就要在相应的旗帜处集合。狩猎一开始，两翼的将士就要开始树旗，到了晚上，还要布置围场，在南边留一个缺口。狩猎场内有专门给皇帝驱兽的骑手，然后由有司为皇帝整饬和献上弓箭，一切有条不紊地依礼而行。皇帝射完箭后，公王开弓，公王射完箭后，骑手便停止驱兽，由百姓开始射猎，也算是与民同乐了。

唐朝帝王的狩猎活动庄严盛大，意义非凡，做好安全保障工作一直是重中之重。首先，要解决的就是吃住问题，需要提前准备一定数量的粮草帐篷；其次，宫中还有专门饲养助猎动物的机构，称为"五坊"，分别是雕坊、鹘坊、鹞坊、鹰坊和狗坊。此外，在皇帝整个狩猎过程中，都会有胆略过人、骑术高超、体能充沛、心理素质强大的武士随从，以保障狩猎行动万无一失。

有时候，皇帝进行巡狩活动，还是一种"存问父老"、体察民情的方式。《资治通鉴》中记载，有一次，唐宣宗外出巡狩，路上遇到一位打柴的樵夫，得知他是泾阳县人之后，顺势向樵夫打听泾阳县令为官如何？樵夫说："县令名叫李行言，性情耿直，不畏强权，刚正不阿。曾经有数十个盗贼窝藏在一个官员家中，他去逮捕被阻，于是以窝藏罪把那个官员一并给正法了。"唐宣宗听后大为叹服，于是回朝之后不久，就将李行言破格提拔为海州刺史。李行言入朝谢恩，唐宣宗顺便讲了他在巡狩途中暗中考察他的事，李行言这才明白此中的原委。

在帝王之下，皇室中的太子亲王，喜爱狩猎的也大有人在，有时候竟痴迷到了玩物丧志的程度。据《旧唐书》中记载，唐高祖的长子李建成"驰猎无度，士卒不堪其劳，逃者过半"，致使唐高祖李渊担忧其不务政事。唐高祖的四子李元吉，曾直言不讳地说："我宁三日不食，不能一日不猎。"这两位痴迷狩猎的兄弟，最后同死于玄武门之变，跟他们的放逸无度或许不无关系。可见狩猎之事，虽能游目骋怀，愉悦身心，却也应节制有度啊！

盛唐流行的马球，该怎么打

唐中宗景龙三年（709 年），大唐上演了一场国际马球联谊赛。当时吐蕃使者来长安迎娶金城公主，吐蕃代表队和大唐代表队在梨园进行了一场激烈的角逐战。一开始吐蕃赢得比较顺利，唐中宗觉得面子上有点儿挂不住，立马派出了马球高手临淄王李隆基、嗣虢李邕、驸马杨慎交、武延秀四人对战吐蕃十人。

临淄王李隆基就是后来的唐玄宗，他非常精通打马球，小时候就因为打马球弄得衣衫不整，有民谣说"三郎少时衣不整，迷恋马球忘回宫"，三郎就是李隆基的小名。李隆基上场后，"东西驱突，风回电激，所向无前"。唐中宗特别高兴，"赐强明绢断百段"。《封氏闻见记》中记载了这场精彩的体育盛事。

唐玄宗李隆基登基后，宫廷娱乐项目里自然少不了马球。王谠在《唐语林》中记载："开元天宝中，上数御观打球为事，能者左萦右拂，盘旋宛转，殊有可观。"

唐玄宗到老还有球瘾，根据阎宽《温汤御毬赋》的记载，天宝六载（747年），唐玄宗在骊山球场和将士们一起打球。在激烈的球场，唐玄宗"志气超神，眉目胜画，地祇卫跸，山灵捧靶"，表现得相当淡定，"众沸渭以纷纭，独雍容而闲暇"，大家都大声喧哗、兴高采烈的，但唐玄宗依然保持雍容的姿态。

让唐玄宗如此痴迷的马球到底是什么样的呢？马球，在唐朝时称"马毬""波罗毬""击鞠"等。打马球需要用到的就是球、球杖、健马以及球场。《资治通鉴》中记载，唐朝的马球"鞠以韦为之，实以柔物"，也就是说外面是皮革，里面以柔软的材料填充。"球似星，杖如月"，球杖一般是木制的，杖头如初月，鱼玄机《打球作》中说"月杖争敲未拟休"。除此之外，球杖还会雕刻纹饰，施以彩绘。达官显贵不惜花重金打造球杖，王定保在《唐摭言》里说，酥校书是制作球杖的高手，酥校书出品，必属精品，所以他"每有所缺，即以球杖干于人，得所酬金以易酒"，有一技傍身，果然吃穿不愁。

其实，马应该算作功臣，打马球对马的要求很高。玩打马球的人往往会挑选速度快、反应敏捷和健硕的马，这样才能帮助自己在打马球的时候所向披靡。除此之外，人们还会对马进行修饰。由于马奔跑起来尾巴会伤人，所以打马球时要将马的尾巴收好。章怀太子墓出土的壁画《马球图》中，马的尾巴非常短，鬃毛紧贴在马身上，显然都是经过处理的。除此之外，人们还会给马施以华丽的装饰，比如张祜在《观宋州田大夫打球》中有"白马顿红缨，梢球紫袖轻"、敦煌曲子词《杖前飞》中"银蹬金鞍耀日晖"都描写了马儿的装饰。

打马球对球场的质量要求也很高。阎宽在《温汤御毬赋》中介绍华清宫的球场："广场惟新，埽除克净。平望若砥，下看犹镜。微露滴而必闻，纤尘飞而不映。"球场非常干净、平整，就像镜子一样，一滴水都能看得特别清楚，更不会扬尘了。这样的球场极有可能是用油料浇灌的。

打马球有什么规则呢？我们从文献记载中可以窥见一二。敦煌曲子词的《杖前飞》中说要"脱绯紫，着锦衣""青一队，红一队"，比赛要分两队进行角逐，每队球员都要换上球队统一的球衣参赛。上场人数似乎没有严格规定，因为唐玄宗率众和吐蕃代表队时就以四敌十。球门有单球门，也有双球门。《金史》中记载："先于球场南立双桓，置板，下开一孔为门，而加网为囊，能夺得鞠击入网囊者为胜。"说的是单球门场地，哪队先将球打进网袋，哪队就胜出。《资治通鉴》中记载了双球门场地的比赛规则："凡击毬（毬通球），立毬门于毬场，设赏格……各立马于毬场之两偏以俟命。神策军吏读赏格讫，都教练使放毬于场中，诸将皆骓马趋之，以先得毬而击过毬门者为胜。"意思是，将球放在场中，哪队先把球打入对方的球门，哪队就获胜。

值得一提的是，和皇帝打球要特别注意，王建在《宫词》中说："对御难争第一筹，殿前不打背身球。"意思是，你和皇帝打球千万不能当"愣头青"，上来把他给赢了，谙熟这条潜规则，输了比赢了都强。

唐朝有许多人都喜欢打马球，其中最具代表性的就是帝王。比如唐宣宗就是打马球的高手。《唐语林》中记载，他"持鞠杖，乘势奔跃，运鞠于空，连击数百，马驰不止，迅若雷电"，这速度和命中率，得练习多久，还有时间处理政务吗？

唐僖宗李儇也爱打马球，球技也不错。他为人比较荒唐，据孙光宪所撰的《北梦琐言》中记载，唐僖宗对伶人石野猪说："朕若作步打进士，亦合得一状元。"为自己的球技沾沾自喜的唐僖宗万万没想到石野猪这样回答他："或遇尧、舜、禹、汤作礼部侍郎，陛下不免且落第。"意思是，如果遇到尧、舜、禹、汤这样的人做主考官，陛下肯定落第，还想考什么状元。唐僖宗听后只是笑笑而已。

唐僖宗面对王仙芝、黄巢领导的农民起义，对于选择提拔谁来当西川节度使抵御起义军的进攻竟然以一场马球来决定。据《资治通鉴》中记载，当时竞选西川节度使的有陈敬瑄、杨师立、牛勖、罗元杲四个人。"上令四人击球赌三川，敬瑄得第一筹"，所以陈敬瑄做了西川节度使。击球赌三川，堂堂君王竟然视军国大事为儿戏，无异于敲响了大唐王朝的丧钟。

唐昭宗李晔也同样离谱。他都被朱温挟持了，竟仍然随时带着"打球供奉"，打球供奉就是专门陪伴帝王打球的人，可以说是职业球员。许多"打球供奉"都是从军中挑选出来的。阎宽说："击鞠之戏者，盖用兵之技也。武由是存，义不可舍。"意思是，唐人认为打马球这种活动对培养将士驭马、配合作战等能力是有帮助的。《酉阳杂俎》中记载了一位夏将军经常在球场中摆十多枚铜钱，然后骑着马用球杖击，每击一次，一枚铜钱就飞起六七丈高。但是昭宗此举显然不是为了培养自己的亲军，而只是为了享乐。

打马球组俑　唐

打马球作为一项体育赛事本没有对错，错就错在耽溺于此，终会玩物丧志。唐太宗就为后代皇帝树立了一个好榜样，只不过后代子孙不听这位老祖宗的。《封氏闻见记》中记载，唐太宗曾和侍臣说："闻西蕃人好为打毬，比亦令习，曾一度观之。昨升仙楼有群胡街里打毬，欲令朕见。此胡疑朕爱此，骋为之。以此思量，帝王举动，岂宜容易，朕已焚此毬以自戒。"他也想玩球，但是想到自己身为皇帝的职责，便焚球以自戒。

马球也深受文人士大夫的喜爱。新科进士中举后的庆祝活动，就有马球赛，在月灯阁举行。《辇下岁时记》中记载："至清明尚食，都人并在延兴门看内人出城洒扫，车马喧闹。新进士则于月灯阁置打毬之宴。"可见，观看月灯阁马球赛的人还真不少。新科进士神采飞扬，春风得意，正适合在马球场上挥洒热情。但是如果岁数太大，则会引起人们的注意。范资在《玉堂闲语》中记载，唐懿宗李漼咸通十三年（872年）三月，一众新科进士去月灯阁打球，此时的邹希回已经七十多岁了，玩了几场依旧觉得不尽兴，还想申请出战，和他一起来的进士也怕他出什么事儿，毕竟年龄大了，就劝说他"彼亦何敢望回"。当初子贡说自己比起颜回来差得远呢，这些进士一语双关，邹希回名字里正好有个"回"字，他们告诉邹希回我们甘愿认输。

还有许多人因为遇见爱玩马球的皇帝而得势。比如，唐敬宗李湛非常爱打马球。《资治通鉴》中记载，他"游戏无度，狎昵群小，善击球"。当时有很多人因此升官发财。《新唐书》中记载："敬宗善击球，于是陶元皓、靳遂良、赵士则、李公定、石定宽以球工得见便殿，内籍宣徽院或教坊，然皆出神策隶卒或里闾恶少年，帝与狎息殿中为戏乐。四方闻之，争以趫勇进于帝。"由此可见，当时的政治风气已经糜败到什么样子了！

有些人靠马球技术好邀宠，也有人靠球技好顺手解决了自己的人生大事。据《独异志》中记载，王锷在辛京杲麾下当差的时候，在马球比赛中展现出超强的气势，"一旦击球，驰逐既酣，锷仰天呵气，气高数丈，若白练上衔"。辛

带着指南回大唐

京杲觉得这很了不起，便对妻子说"此极贵相"，还把自己的妹妹嫁给他。不出所料，王锷"终为将相"见。

打马球虽好玩，但是玩的时候千万要注意身体。《三水小牍》中记载，河东裴光远对打马球的喜爱到了痴迷的程度，"虽九夏蒸郁，亦不暂休息"。他养的白马被他骑着驰骋，"竟以暑月不胜其役，而致毙于广场之内"。把马都累死了，人估计也累得够呛。

不过累还是好的，伤残甚至殒命就得不偿失了。韩愈说："小者伤面目，大者残形躯"，可见玩马球的危险系数还是很高的。南唐刘崇远在《金华子杂编》中记载，周宝"寻迁对御仗第一筹，丧其一目"，竟然将眼睛打瞎了。

因打球而丧命的人也有。《旧唐书》中记载，成德节度使李宝臣和魏博节度使田承嗣两人本是姻亲，但因为一场马球开始了"互相伤害"。田承嗣原本就看不起李宝臣和淄青节度使李正已。李宝臣的弟弟李宝正娶了田承嗣的女儿，也就是田承嗣的女儿成为李宝臣的弟妹。

李宝正和田承嗣的儿子田维打马球时，"宝正马驰骇，触杀维"，意思是，李宝正的马受惊了，竟然不小心把田维给杀死了。自己的儿子死了，田承嗣特别愤怒，就向李宝臣讨说法。李宝臣也没有办法，毕竟是自己的弟弟不小心造成了这场意外，所以就"缄杖令承嗣以示责"，将弟弟交给田承嗣处罚，要打要罚，悉听尊便。李宝臣想着自己的弟弟李宝正被田承嗣打一顿出出气，这事儿就过去了，毕竟李宝正也是他们家的女婿。谁料田承嗣是个狠人，竟然将李宝正"鞭杀之"，由此，李宝臣和田承嗣交恶。

等到大历十年（775 年），李宝臣和李正已向唐代宗状告田承嗣，并要合力去讨伐田承嗣。《资治通鉴》中记载："及承嗣拒命，宝臣、正已皆上表请讨之，上亦欲因其隙讨承嗣。"唐代宗自然愿意坐收渔翁之利。李宝臣和田承嗣好好的亲家关系，就因为一场马球赛，搞得不共戴天，兵戎相见。

比起田承嗣鞭杀李宝正，朱温的行为就更加残忍了。《旧唐书》中记载，朱温的侄子朱友伦因为"击鞠坠马而卒"，朱温竟然将怨气全部撒到和侄子一起玩的人身上，"杀会鞠者十余人"，他还怀疑是崔胤故意加害朱友伦，"由是怒胤"。最后，还派出侄子朱友谅谋杀崔胤，但是没有成功。

唐穆宗李恒则因目睹马球场上的意外被吓得一病不起。《旧唐书》中记载："上与内官击鞠禁中，有内官欻然坠马，如物所击。上恐，罢鞠升殿，遽足不能履地，风眩就床。自是外不闻上起居者三日。"意思是，在马球场上，一个内官忽然坠马了，就好像被什么东西打倒了一样。这一幕吓坏了唐穆宗，竟然卧床了三日。唐穆宗这一病，从此就没有好利索。

有人可能会问，皇帝就不能娱乐一下吗？皇帝喜欢玩打马球，又得为国事操劳，如何才能寻得平衡呢？《唐语林》中倡人黄幡绰对唐玄宗的劝诫可谓给了答案："大家年纪不为小，圣体又重，倘马力既极，以至颠踬，天下何望！何不看女婿等与诸色人为之？如人对食盘，口眼俱饱，此为乐耳！"意思是，皇帝更应该以天下为重，保重身体，尤其唐玄宗年纪大了，就看看别人玩，过过瘾得了。

球场虽是豪杰纵情驰骋的场所，但因马球的危险性，有人便想利用此行凶。比如对于野心勃勃的安禄山，唐肃宗曾经就想在打马球时将他除掉。《因话录》中记载："召太子诸王击球，太子潜欲以鞍马伤之。"太子李亨本想在鞍马上做手脚，除掉安禄山，但是唐玄宗不同意。他说："吾非不疑，但此胡无尾，汝姑置之。"唐玄宗认为，安禄山成不了气候，不用担心，所以不用杀他。后来，安史之乱爆发，唐玄宗肠子都悔青了吧。

第四章

云想衣裳花想容：

是谁在引领时尚

"穿"越唐"潮"！唐朝霓裳如何美得不出错

"粉胸半掩疑晴雪"，我们对唐朝女人的印象是酥胸半掩，气度奔放自由，一场霓裳羽衣曲的表演更是将唐朝的华美壮丽演绎得淋漓尽致。

综观整个唐朝，大胆奔放的穿着并非贯穿始终。初唐时期，受前朝的影响，女性的穿着以短襦长裙为主。《说文解字》中解释："襦，短衣也。"可以理解为短上衣和裙子的搭配形式。盛唐以后，恢宏的气度全部通过衣着展现出来，女子穿着更加奔放，酥胸半掩，博衣阔裙，宽袖长带，极尽奢华与享受。为了方便和追求时髦，他们还尚男装和胡服。

许多人习惯性地称呼唐朝女子的穿着为"霓裳"，"裳"指的是下衣，霓裳就是说人的穿着宛如神仙，俊逸潇洒，婉转流丽。在唐朝，裙子很受女性的欢迎。裙子造型多样，色彩丰富，并且形制宽大，可以随风摆动，给人一种灵动飘逸的感觉。从《虢国夫人游春图》《簪花仕女图》等唐朝画作中，可以欣赏到唐朝女性着裙装的风韵与神采。作为一名唐朝的时尚达人，如何才能美得不出错呢？

从出土的唐朝李寿墓的壁画上，可以看到当时唐人的穿着是这样的：上身穿着小袖短襦，下身穿着长裙且裙子较紧，下摆微宽，佩戴披帔。

披帔，类似于现在的披巾。《释名》中解释："帔，披也，披之肩背，不及下也。"也可以称之为"披巾"或"领巾"。帔子一般用比较轻薄的材质做成，比如，纱、罗、绢。《酉阳杂俎》中记载，唐玄宗与亲王下棋，"令贺怀智独弹

捣练图 唐 张萱

"琵琶"，立于一旁的贵妃便穿着披巾，"时风吹贵妃领巾于贺怀智巾上，良久，回身方落"。可见贵妃穿着的披巾长而轻薄，风乍起，给人一种飘飘欲仙之感。

如果有人觉得这样的穿着有些保守，也可以选择穿得凉快些，像《簪花仕女图》中顾盼生姿的女子一样穿着领口宽大的襦或衫。有些唐朝美女喜欢"高腰掩乳"的装扮，所谓"漆点双眸鬓绕蝉，长留白雪占胸前"，以此展现自己傲人的身材。

在唐朝，裙子的穿法和现在的不一样。现在的半身裙，一般固定在腰胯部位。而唐朝的裙子则提到腋下，然后用丝带扎紧，显得身材纤细修长。"裙拖六幅湘江水，鬓耸巫山一段云"，唐朝的裙子如湘江水一样拖曳在地上，风流婉转，顾盼生姿。《新唐书》中记载："妇人裙不过五幅，曳地不过三寸，唯淮南观察使李德裕令管内妇人衣袖四尺者，阔一尺五寸，裙曳地四五寸者减三寸。"这从侧面佐证了唐人衣裙拖着长长的尾巴并不是罕见之事。唐朝对妇人裙长的限制有没有贯彻下去呢？"诏下，人多怨者。京兆尹杜悰条易行者为宽限，而事遂不行。"大家喜欢裙子拖着长长的尾巴，采取强硬的态度让大家改变这一喜好，难免会怨声载道，这一措施也不得不作罢。

唐朝女子不仅喜欢长裙，还喜欢拼接款，即用几块布拼接而成的裙子，并且采用两种以上颜色，所以也叫"间裙"或"间色裙"。《旧唐书》中记载，武则天就喜欢穿这种裙子，"其异色绫锦，并花间裙衣等，糜费既广，俱害女工。天后，我之匹敌，常著七破间裙，岂不知更有靡丽服饰"。所谓"七破间裙"就是由七块布拼接而成的裙子。从这则文献我们也可以看出，"破"越多，制作裙子时所耗费的人力物力就越多。

唐朝的裙子颜色各异，其中以石榴红裙最为著名。"看朱成碧思纷纷，憔悴支离为忆君。不信比来长下泪，开箱验取石榴裙。"相传，这首诗是当时身在感业寺的武则天写给唐高宗李治诉说相思的。虽然此事现在已真假难辨，但诗中提到的"石榴裙"却真正引领了大唐的风尚。许多唐人的诗作中都有它的身影，比如白居易在《卢侍御小妓乞诗座上留赠》中有"郁金香汗裛歌巾，山石榴花染舞裙"。又如，张谓在《赠赵使君美人》中有"红粉青蛾映楚云，桃花马上石榴裙"。

石榴裙以颜色红如石榴而得名，诗人们也倾向于将石榴裙写作"红裙"。元稹的《闺晚》中有"红裙委砖阶，玉爪劈朱橘"之语；皇甫松的《采莲子二首》中有"晚来弄水船头湿，更脱红裙裹鸭儿"之语；杜甫的《陪诸贵公子丈八沟携妓纳凉晚际遇雨二首》中有"越女红裙湿，燕姬翠黛愁"之语。

这种石榴红具体是什么样的呢？白居易在《琵琶行》中描述琵琶女"血色

罗裙翻酒污"，万楚在《五日观妓》中说"红裙妒杀石榴花"，可见石榴裙的红是一种颜色鲜艳的红。

其实早在南朝就已出现石榴裙，梁元帝萧绎在《乌栖曲》中有"交龙成锦斗凤纹，芙蓉为带石榴裙"，萧绎将女性着装的美感跃然笔尖。何思澄所作《南苑逢美人》中也提及女子着石榴裙的美感："风卷蒲萄带，日照石榴裙。"

石榴裙在唐朝的流行得益于多方面的原因。首先，唐朝染色技术较之前有很大的进步。唐朝政府专门设置染织署这一机构来管理染织作坊。其次，广泛的民族交流为染色提供了来自域外的染色原料，比如染色所用到的红花就是舶来品。当然，唐朝兼容并包的态度以及自由勇敢的追求为红裙的流行提供了发展的土壤。

即便石榴裙如此流行，寻常百姓家的女子仍然是穿不起。因为红色染料中红花、茜草、苏木等是非常贵重的，没有一定经济实力根本无法负担得起。据《开元天宝遗事》中记载："长安士女游春野步，遇名花则设席藉草，以红裙递相插挂，以为宴幄，其奢逸如此也。"可见，红裙是富贵人家女子的标配。

作为唐玄宗在位时最"富贵"的女子杨玉环非常钟爱石榴裙。民间流传，唐玄宗邀请杨贵妃为参加筵席的官员们献舞，杨贵妃却以官员们并不尊重她为由回绝了唐玄宗。唐玄宗听后便命令官员们向杨贵妃行跪拜礼，于是所有的官员都拜倒在了贵妃的石榴裙下。这虽然是民间流传的故事，但也能反映出石榴裙确实属于"王谢堂前燕"。

除了达官显贵家的女子外，青楼女子也经常穿石榴裙。妓女以色示人，往往注重外在的修饰。羊士谔曾有诗句"今来强携妓，醉舞石榴裙"，所携的妓女便身着石榴裙。权德舆的《放歌行》中有"迎杯乍举石榴裙，匀粉时交合欢扇"，更是将石榴裙与旖旎春色结合在一起，令人想入非非。

要说唐朝最奢华的裙子，安乐公主的百鸟裙自然当仁不让。安乐公主是唐中宗李显与韦后的女儿，为人骄横跋扈，生活奢侈放纵。据《旧唐书》中记载，百鸟裙在最初一共有两件，一件是给韦皇后的，另一件是给安乐公主的。百鸟裙到底有什么特殊之处得以"艳压群芳"呢？

> 有尚方织成毛裙，合百鸟毛，正看为一色，旁看为一色，日中为一色，影中为一色，百鸟之状，并见裙中。

百鸟裙正如它的名字一样，集百鸟的羽毛织成，从不同的角度欣赏则会有不同的美感。从正面看是一种颜色，从侧面看又是一种颜色；在太阳下看是一种颜色，在阴凉处看又是另外一种颜色。百鸟裙非常神奇，能看出百鸟的情状。自从安乐公主穿了这件百鸟裙，致使"百官之家多效之。江岭奇禽异兽毛羽，采之殆尽"。《朝野金载》中也记载了百鸟裙现象的恶劣后果，"百官、百姓家效之"致使"山林奇禽异兽，搜山荡谷，扫地无遗"。这对于珍禽异兽来说真的是一场浩劫，也让整个唐朝刮起一阵奢侈之风。

好在开元初期，唐玄宗就下令禁止了这种铺张且残忍的做法。唐玄宗命宫中把奇服拿出来，"焚之于殿廷，不许士庶服锦绣珠翠之服"。至此，这股捕杀动物的风气才被遏制住。

虽然穿什么样的服装属于个人自由，但是将美丽建立在奢侈与伤害生灵的基础上确实不应该。一味追求奢侈的享受，内心也无法得到充实的感受。对于穿衣，明代李渔在《闲情偶寄》里说的话很有道理："妇人之衣，不贵精而贵洁，不贵丽而贵雅，不贵与家相称，而贵与貌相宜。"希望大家共勉之。

唐朝时装周，怎样才能成为"时髦精"

"云想衣裳花想容"，在唐朝，要想做一个时髦精惊艳出道，光穿霓裳还不够，还需要一些时尚单品做点缀。

杨贵妃应该算是大唐数一数二的时尚达人，集国家最高荣宠于一身的她可以享用到最奢华的单品。《旧唐书》中记载，马嵬坡兵变，杨贵妃被赐自缢，等到战乱平息后，唐玄宗想到自己这位宠爱的妃子，就派人迁葬杨贵妃，等到挖开坟冢，发现贵妃"肌肤已坏，而香囊仍在"。唐玄宗睹物思人，默默地思念着杨贵妃。用白居易的话说就是"夕殿萤飞思悄然，孤灯挑尽未成眠"，面对秋雨梧桐的萧瑟景象，唐玄宗被痛苦啃噬得体无完肤。难道香囊真的是杨贵妃留给唐玄宗做念想的吗？

　　其实杨贵妃的香囊可能并不像我们想象中的用布帛做成的，而很可能是由金属制成的。

　　陕西历史博物馆有一镇馆之宝"唐葡萄花鸟纹银香囊"，齐东方教授在《花舞大唐春：解读何家村遗宝》中介绍，此香囊是银制的，外观为球形，外壁镂刻着葡萄花鸟纹，镂空线条最细的地方仅为 0.5 毫米，香囊里面有"两层双轴相连的同心圆机环，大的机环与外层球壁相连，小的机环安置香盂"，这样的设计非常巧妙，无论怎样摆动，火星和香灰都不会外露。

　　唐人非常喜欢佩戴香囊，白居易曾诗意地介绍香囊："拂胸轻粉絮，暖手小香囊"，香囊不仅有熏香的功能，还能暖手，深受唐朝贵族的喜爱。

　　章孝标在《少年行》中说："平明小猎出中军，异国名香满袖薰。画楄倒悬鹦鹉觜，花衫对舞凤凰文。"可见，香囊也可以藏在袖中。有时候香囊也发挥着"定情"的作用，孙光宪在《遐方怨》中说："红绶带，锦香囊。为表花前意，殷勤赠玉郎。"一段旖旎的红尘情事在香囊的陪衬下悄然开展。

　　除了香囊，唐朝人还喜欢什么时尚单品呢？

　　在敦煌莫高窟第一七窟北壁"近事女"的壁画中，一位扎着双髻的女

鎏金银熏球　唐

子，身着男子衣服，腰部系着一根软带，一手拄着杖，一手拿着巾，前方一棵树上还挂着一个包。包的整体为素色，只是在搭扣处进行了简单的点缀，整体给人感觉简单大方又不失庄重。壁画作品大约在晚唐时期，原来唐朝人已经在使用时尚的手提包了。

唐朝官员一般佩戴鱼袋来表示自己的身份。唐高祖时期，官员们就已经佩戴鱼袋了。《旧唐书》中记载："自武德已来，皆正员带阙官始佩鱼袋。"

鱼袋是用来装鱼符的，要想了解鱼袋，得先了解鱼符。唐高祖时期，废止了虎符，改用黄铜做的鱼符。《朝野佥载》中记载："汉发兵用铜虎符。及唐初，为银兔符，以兔子为符瑞故也。又以鲤鱼为符瑞，遂为铜鱼符以珮之。"为什么唐高祖不继续使用虎符了呢？原来他又叫李虎，他这么做是为了避讳。唐高祖又觉得"鲤鱼"听起来比较吉祥，所以改用鱼符。

不同的鱼符代表不同的意义，《旧唐书》中记载：

一曰铜鱼符，所以起军旅，易守长。二曰传符，所以给邮驿，通制命。三曰随身鱼符，所以明贵贱，应征召。四曰木契，所以重镇守，慎出纳。五曰旌节，所以委良能，假赏罚。鱼符之制，王畿之内，左三右一；王畿之外，左五右一。左者在内，右者在外。随身鱼符之制，左二右一，太子以玉，亲王以金，庶官以铜，佩以为饰。

其中随身鱼符，也会根据身份地位的不同佩戴不同材质的，太子佩戴玉鱼符，亲王佩戴金鱼符，百官佩戴铜鱼符。

对于装鱼符的鱼袋也有相应的规定，比如《旧唐书》中记载："高宗永徽二年五月，开府仪同三司及京官文武职事四品、五品，并给随身鱼。咸亨三年五月，五品已上赐新鱼袋，并饰以银。"《新唐书》中记载："高宗给五品以上随身鱼银袋，以防召命之诈，出内必和之。三品以上金饰袋。"也就是说，五品以上用的是白银装饰，也被称作银鱼袋；三品以上的官员用的是黄金装饰，也被称为金鱼袋。在唐朝，要想知道这位官员官品如何，看他佩戴的鱼袋就可以辨认了。

到了武则天统治时期，鱼符曾经一度改为龟符。《朝野佥载》中记载："至伪周，武姓也，玄武，龟也，又以铜为龟符。"对于鱼袋，也有相应的规定，《旧唐书》中记载："久视元年十月，职事三品已上龟袋，宜用金饰，四品用银饰，五品用铜饰。上守下行，皆从官给。"三品以上的大官可以用金的装饰，金龟婿的说法也由此而来。

李商隐的诗"无端嫁得金龟婿，辜负香衾事早朝"，意思是，嫁个职位高的夫君辜负了春宵，因为夫君要忙着上早朝。原来"金龟婿"是源于官本位思想，而不是钱本位。白居易在升秘书监被赐金鱼袋时，刘禹锡也曾写诗"久学文章含白凤，却因政事赐金鱼"来恭喜他。

李白曾写《对酒忆贺监》二首，怀念他与贺知章喝酒的日子，序的内容是："太子宾客贺公，于长安紫极宫一见余，呼余为'谪仙人'，因解金龟换酒为乐。殁后对酒，怅然有怀，而作是诗。"天宝元年（742年），李白初次来到长安，贺知章为了款待他曾"解下金龟换美酒"，可以想象李白受到贺知章多么高的礼遇，难怪李白会对此念念不忘。

除了鱼袋，在出土的文物中，还发现了类似港风发网装饰的头饰，看起来非常时髦，这种发网叫"透额罗"。敦煌莫高窟第130窟《都督夫人太原王氏礼佛图》中，有女子头上就戴着透额罗。武惠妃墓的壁画和金乡县主墓彩绘陶俑还出现了男子戴透额罗的情形。元稹在《赠刘采春》中有"新妆巧样画双蛾，谩裹常州透额罗"，说的就是这种装扮。

为了追求时尚，唐朝女子还穿袒胸装。袒胸装即领口开得很低，袒露脖颈和酥胸的上半部分。唐诗《内家娇·丝碧罗冠》中如此描述穿袒胸装的女子：

丝碧罗冠，搔头坠髻鬟，宝装玉凤金蝉。轻轻傅粉，深深长画眉渌，雪散胸前。嫩脸红唇，眼如刀割，口似朱丹。浑身挂异种罗裳，更薰龙脑香烟。

屐子齿高，慵移步两足恐行难。天然有灵性，不娉凡间。交招事无不会，解烹水银，炼玉烧金，别尽歌篇。除非却应奉君王，时人未可趋颜。

这个时髦的女性精心打扮，不仅有"雪散胸前"的穿着，还穿着"高跟鞋"，妆容也极为讲究，从头发到嘴唇都做足了功夫。大概是要侍奉君王，所以才如此费尽心机地装扮。

大唐的衣香鬓影：不爱红装爱胡装

唐朝刘肃在《大唐新语》中记载了一起案件：贞观年间，金城坊有人家被胡人给洗劫了，过了很久贼都没有抓住。时任雍州长史的杨纂就想着对"京城坊市诸胡，尽禁推问"，司法参军尹伊不同意这种做法，他说："贼出万端，诈伪非一。亦有胡着汉帽，汉着胡帽，亦须汉里兼求，不得胡中直觅。"由此可见，汉人穿胡装、胡人穿汉装的情形在唐朝贞观年间已然十分常见。

由于唐朝的民族大融合，形成了一股"女为胡妇学胡妆"的风气。在有关唐朝的古装剧中，有的女子戴着一个大大的圆帽子，帽子边有薄薄的一层纱垂下来做遮挡，这种装扮就是从胡人那儿学来的，名叫幂䍠。幂和䍠最初是两件衣物，即巾帛和白帽。到了晋朝，幂䍠才合在了一起。由于西北地区风沙大，人们穿着幂䍠的最初作用是遮挡风沙。《隋书》中记载，吐谷浑"王公贵人多戴幂䍠，妇人裙襦辫发，缀以珠贝"。

到了唐朝，女子外出则会穿着幂䍠。《旧唐书》中记载："武德、贞观之时，宫人骑马者，依齐、隋旧制，多著幂䍠，虽发自戎夷，而全身障蔽，不欲途路窥之。王公之家，亦同此制。"可见当时的风气还很保守，女子还是要把自己装扮起来，不让外人看到。

幂䍥的隐蔽性有多高呢？据《旧唐书》中记载，李密曾经让手下"著妇人衣，戴幂䍥"，装扮成女人，"藏刀裙下，诈为妻妾，自率之入桃林县舍"。有了长垂着的幂䍥和长裙的双重保护，这些着女装的士兵竟然没被发现。

女子戴幂䍥没有维持多久，"则天之后，帷帽大行，幂䍥渐息"。帷帽，也称"帏帽"，是"用黑纱缝于帽缘四周，以防风沙之帽"。《旧唐书》中记载："永徽之后，皆用帷帽，拖裙到颈，渐为浅露。"帷帽比幂䍥要短，只垂到脖颈。

到了开元年间，风气更为开放。"从驾宫人骑马者，皆著胡帽，靓妆露面，无复障蔽。士庶之家，又相仿效，帷帽之制，绝不行用。"妇女不再遮遮掩掩，靓妆露面出门，有的还戴着胡帽。胡帽的种类有很多，浑脱帽、尖顶毡帽、卷檐虚帽等。《旧唐书》中记载，王承宗、李师道派刺客刺杀宰相武元衡和御史中丞裴度。裴度刚出通化里，"盗三以剑击度，初断靴带，次中背，才绝单衣，后微伤其首，度堕马。会度戴毡帽，故创不至深。"因为裴度戴的毡帽比较厚，才免于一难。

除了戴胡帽外，唐人还穿胡服，并兴起一阵胡服热。《大唐新语》中记载："开元初，宫人马上始着胡帽，靓妆露面，士庶咸效之。天宝中，士流之妻，或衣丈夫服，靴衫鞭帽，内外一贯矣。"《太平广记》中记载："天宝中，陇西李陶寓居新郑，常寝其室。睡中有人摇之，陶惊起，见一婢，袍袴容色甚美。"这位长得美丽的婢女穿着的袍袴便是胡服。

戴笠帽骑马女俑　唐

在流行胡服的同时，唐朝也流行女穿男装。《新唐书》中记载，有一次，唐高宗举行宴会，太平公主穿的就是男装，她"紫衫、玉带，皂罗折上巾，具纷砺七事，歌舞于帝前"，唐高宗和武后笑着说："女子不可为武官，何为此装束？"无论是作为帝后，还是作为父母，他们都丝毫没有批评太平公主的意思，只是调笑。他们明白，太平公主想出嫁了。由此可以推测出，在唐高宗统治时期，女穿男装的现象还不普遍。

经历了武周的统治，女子的地位得到显著的提升，思想更自由开放，女子穿男装成为一件非常普遍的事情。《新唐书》中记载："中宗时，后宫戴胡帽，穿丈夫衣靴。"《洛阳伽蓝记》中记载，"其俗妇人袴衫束带乘马驰走，与丈夫无异"。可见，无论是在宫廷还是在民间，都流行女穿男装。

号外！大唐第一美妆博主上官婉儿出新妆啦

唐朝段成式在《酉阳杂俎》里说："今妇人面饰用花子，起自昭容上官氏所制，以掩点迹。"意思是，上官婉儿为了掩盖脸上的疤痕发明了"花子"。关于上官婉儿因何受到黥刑，唐代学者段公路在《北户录》里描述得更为细致：武则天和宰臣商量事情的时候，让上官婉儿藏在案裙下，记录官员所奏报的事情。有一次，宰相对事，上官婉儿偷窥了一下，被唐高宗发现了。退朝后，唐高宗在气头上，就把甲刀刺在上官婉儿的额头上，不允许她拔出来。上官婉儿比较有才情，作了一首乞拔刀子诗。但是这个伤口留下了疤痕，所以上官婉儿就发明了"花子"以掩盖自己的伤痕。

唐人张垍的小说《控鹤监秘记》中说因上官婉儿与武则天的男宠调情被武则天撞见，武则天拿金刀划伤了上官婉儿的额头。上官婉儿为了掩盖这块疤痕，便刺了一朵红梅花，宫女见上官婉儿娇媚更甚，纷纷效仿，于是有了梅花妆。

花子指的是花钿，是贴于额头的装饰物。制作花钿的材料较为广泛，有螺钿壳、珍珠、鱼鳞，等等。宋代陶谷《清异录》中记载："后唐宫人或网获蜻蜓，爱其翠薄，遂以描金笔涂翅，作'小折枝花子'；金线笼储养之，尔后上元卖花者，取象为之，售于游女。"蜻蜓的翅膀竟然被唐人用来做花钿。

关于花子这种妆扮的起源说法不一。《杂五行书》中记载，南北朝时期宋武帝的女儿寿阳公主日卧于含章殿下，梅花落在她的额头上，"成五出花，拂之不去……经三日，洗之乃落"，宫女纷纷效仿。花钿的前身是贴黄，是将黄色的颜料涂于前额。虞世南《应诏嘲司花女》中"学画鸦黄半未成，垂肩弹袖太憨生"，说的就是这种妆容。

唐朝流行描斜红，也叫"晓霞妆"，就是在脸颊略上的部位化一个亮红色的新月形的妆容。这种妆容有点儿类似伤口，据说其真的源于一道伤口。张泌《妆楼记》中记载："夜来初入魏宫，一夕，文帝在灯下咏，以水晶七尺屏风障之。夜来至，不觉面触屏上，伤处如晓霞将散，自是宫人俱用胭脂仿画，名晓霞妆。"薛夜来不小心碰到屏风上，脸上的伤口如晓霞将散，宫人见了觉得挺美，所以这种妆容就流行开来。

唐朝人的化妆步骤和现在的差不多，也要先施底妆。为了让自己的脸蛋看上去白白的，会用铅粉涂抹面部。然后再往脸颊涂胭脂。《开元天宝遗事》中说杨贵妃初次被唐玄宗召见，和父母作别之时，哭成了泪人，"时天寒，泪结为红冰"。可见杨贵妃当初的妆化得有多浓。如果卸妆的话，大概也像王建写的那样，"归到院中重洗面，金花盆里泼银泥"，将整盆水都变了颜色。

但是虢国夫人却喜欢淡妆。张祜在《集灵台·其二》中描写虢国夫人"却嫌脂粉污颜色，淡扫蛾眉朝至尊"，就是面见唐玄宗，她也不施浓妆。《旧唐书》中说，杨贵妃"有姊三人，皆有才貌"，大概虢国夫人有足够的容貌自信吧。

据记载，唐朝有许多技术高超的化妆师，其化妆功力与现在的妆容造型师不相伯仲。《教坊记》中记载，庞三娘有一次在后台化妆，有人找她，看见素颜的她呼喊"恶婆"，问她庞三娘子在哪里。庞三娘知道自己没化妆显老，便说：

"庞三是我外甥，今暂不在，明日来此，奉留之。"等到使者第二天一来，庞三娘装扮好了，使者认不出她了，说道："昨日已参见娘子阿姨。"因为庞三娘的化妆技术太高超了，竟然能将自己画得如此年轻貌美，所以人们都称呼她为"卖假脸贼"。

颜大娘"眼重、脸深，有异于众"，长得具有异域风情，但是她化妆技巧鬼斧神工，"虽家人不觉也"。有一次，她哭的时候擦眼泪，婢女见了大惊道："娘子眼破也！"

唐朝人不光在化妆上下足功夫，对于保养也不遗余力。比如《新唐书》中记载，武则天老年，"虽春秋高，善自涂泽，虽左右不悟其衰"。她驻颜有术主要还得归功于她的保养。王焘在《外台秘要》中就收录了武则天的一个保养秘方——"益母草泽面方"。她的女儿太平公主也注重保养，韩鄂《四时纂要》中辑录了一个"太平公主秘法"。太平公主的保养不只在面部，还对全身进行保养。只有皮肤状态好了，施彩妆才会更明媚动人。

别羡慕美女浓密的发量啦！其实她们戴的是假发

我们在欣赏唐朝的画作时，会发现古人发量惊人，比如《簪花仕女图》中所描绘的女子头上挽着高高的发髻；《虢国夫人游春图》中的女子虽然比起《簪花仕女图》中的女子头发略逊一筹，但也算多。难道古人的头发真的保养得如此之好？

《新唐书》中记载："杨贵妃常以假鬓为首饰，而好服黄裙。近服妖也。时人为之语曰：'义髻抛河里，黄裙逐水流。'"所谓"义髻"，就是假发，原来古人浓密发量的背后是有假发在撑腰啊！

唐朝假发从何而来？

《三国史记》中记载，开元十一年（723年），新罗进献给大唐"果下马一匹，牛黄、人参、美髢、朝霞绸、鱼牙绸……"其中"美髢"就是指美丽的头发。开元十八年（730年），新罗进献给大唐的物品中又有"头发八十两"。开元二十二年（734年），新罗再次进献"头发一百两"。当然，新罗并非唯一的向唐朝进献头发的国家。

《册府元龟》中记载，天宝七载（748年）三月，"黑水靺鞨、黄头室韦、和解室韦、如者室韦、赂丹室韦，并遣使朝贡献金银及六十综布，鱼牙绸、朝霞绸、牛黄、头发、人参。"这些假发很有可能就是杨贵妃义髻的来源。

有了假发的支撑，唐朝妇人的造型变得绚烂起来，出现了各种各样的发式。白居易在《时世妆》中所说的"圆鬟无鬓堆髻样"就指的是妇人用假发做高髻的现象。当然，并非所有的发式都用了假发，只是假发为发髻的形状提供了更多的可能。段成式在《髻鬟品》中记载："高祖宫中有半翻髻、反绾髻、乐游髻。明皇帝宫中，双环望仙髻、回鹘髻、贵妃作愁来髻。贞元中有归顺髻，又有闹扫妆髻。长安城中有盘桓髻、惊鹄髻，又抛家髻及倭堕髻。"真是看得人眼花缭乱。

许多发髻的名称和外形有直接关系，比如堕马髻就是将头发侧在一边的发髻。《虢国夫人游春图》中，左二排骑马的两个女子梳的就是这种发型。又如，螺髻的形状真的如一个大海螺。如果大家有兴趣，可以看看这些发髻都是什么样，也可以模仿一下。

乌黑的发髻难免有些单调，唐人便在发髻上簪花妆点。李白在《宫中行乐词》中有"山花插宝髻，石竹绣罗衣"，用来描写女子发髻上插着山花。

杨贵妃像

《簪花仕女图》中，每位女子发髻上戴的花都不同，牡丹、芍药、荷花等在各自的发髻上大放异彩。

《开元天宝遗事》中记载，长安城还有斗花的节目，"戴插以奇花多者为胜"。女子往往是有备而来，为了能够胜出，她们会花高价购买名花，种在庭院中，精心培养，"以备春时之斗也"。这大概是真正的争奇斗艳吧！

第五章

饭局也疯狂：
唐朝干饭人的千层套路

舌尖上的狂欢：唐人都爱吃哪些肉食

在《大唐六典》中，朝廷给亲王提供的食材中，赫然写着："每月给羊二十口；猪肉六十斤；鱼三十头……"猪肉六十斤，与羊肉相比是很少的分量了。唐朝有头有脸的人物还是以吃羊肉为主，对猪肉有一定的偏见。《医经别录》中记载："猪肉能闭血脉，弱筋骨，虚人肌，不可久食；病人，金疮者，尤甚。"药王孙思邈

掐丝团花金杯 唐

认为猪肉"久食令人少子，发宿病、筋骨碎痛之气"。杜牧在《唐故歙州刺史邢君墓志铭》中将邢涣思去世的原因归咎于吃猪肉。"《本草》言是肉能闭血脉，弱筋骨，壮风气，嗜之者必病风。"邢涣思"果以风疾废"，令人感到惋惜。

与猪肉相反，羊肉可是唐人的心头好。《新唐书》中记载："昭义自李抱真以来皆武臣，私厨月费米六千石、羊千首、酒数十斛，潞人困甚。"一个昭义节度的私厨一个月羊肉要消耗掉千只。

羊肉制作的美食有很多，据《清异录》中记载："天后好食冷修羊肠，张昌宗冷修羊手札曰：'珍郎杀身以奉国。'""珍郎"便是羊，在天后的饮食爱好面前，羊也只好"杀身成仁"。

《卢氏杂说》中记载了一道大菜，名叫"浑羊殁忽"。是将童子鹅拔去毛，去掉内脏，里面酿上肉和糯米饭。然后把羊毛拔掉，去掉内脏，再把先前处理

过的童子鹅放到羊肚子里，制作工序有点像套娃，然后将羊肚缝起来，再用大火烤。等到羊肉烤熟时，就取出鹅肉大口吃。讲到这里，美食爱好者馋得流口水了吧。

在唐朝，牛肉是不能随便吃的。《唐律疏议》中规定："主自杀马牛者，徒一年。"也就是说，唐朝法律不允许人们擅自杀害牛马。虽然牛肉和马肉吃不上，但是鸡胸肉可以满足人们的需求。

相对于羊肉来说，鸡肉的消费比较低端，普通百姓吃得起，所以农家经常用鸡肉来款待客人。

唐太宗朝有个叫马周的御史，非常爱吃鸡肉。《新唐书》中记载："周每行郡县，食必进鸡。"有个小吏就抓住机会去告他。唐太宗却说："我禁御史食肉，恐州县广费，食鸡尚何与？"还将小吏斥责了一顿，鸡肉在唐太宗看来算不上什么肉。所以收入稍微高点儿，就可以实现吃鸡自由了。

如果生在南方，鱼肉则必不可少。《唐会要》中记载："江南诸州，乃以鱼为命，河西诸国，以肉为斋。"张志和《渔歌子》中有"西塞山前白鹭飞，桃花流水鳜鱼肥"，可见他品尝过不少鳜鱼。李白在《拟古十二首》（其五）中写了自己吃生鱼片的快活："吹箫舞彩凤，酌醴鲙神鱼。"

除了鱼肉，其他水产品也是唐人的盘中餐，牡蛎、螃蟹、虾等通通可以入菜。比如《北户录》中就记载了糖蟹的做法，螃蟹经过糖渍、廖汤和盐腌制后，密封，二十天后取出，即可食用。糖蟹无论是从取材还是烹饪制作手法，都十分讲究。

唐代宗室后裔的"水果排行榜"

李肇《唐国史补》中记载，李唐宗室后裔有一位"水果专家"李直方，他做了一个水果排行榜，即"以绿李为首，楞梨为副，樱桃为三，甘子为四，蒲桃为五。或荐荔枝，曰：'寄举之首。'"

东都绿李万州栽，君手封题我手开

《西京杂记》中记载唐朝有品种丰富的李子："李十五：紫李、绿李、朱李、黄李、青绮李、青房李、同心李、车下李、含枝李、金枝李、颜渊李（出于鲁地）、羌李、燕李、蛮李、侯李"。而被李直方列为唐朝第一水果的"绿李"更是文人口中称道的对象。杜甫在《诣徐卿觅果栽》中说道："草堂少花今欲栽，不问绿李与黄梅。石笋街中却归去，果园坊里为求来。"杜甫想给自己的草堂种点水果树，其中就有绿李树。

白居易在外做官，对东都的绿李念念不忘。他在《和万州杨使君四绝句·嘉庆李》中感谢杨归赠绿李的恩情："东都绿李万州栽，君手封题我手开。把得欲尝先怅望，与渠同别故乡来。"移植在万州的李子让白居易想起东都的李子，他正如东都绿李一样辞别家乡来到这遥远的四川。

绿李中的王牌产品当属嘉庆李。韦述的《两京新记》中记载："东都嘉庆坊有李树，其实甘鲜，为京城之美，故称嘉庆李。今人但言嘉庆子，盖称谓既熟，不加李亦可记也。"所以要听别人说"嘉庆子"你就明白了，他馋李子了。

田家老翁无可作，昼甑蒸梨香漠漠

梨也是唐人的水果必备。不过唐朝人不喜欢生吃，而是喜欢吃蒸梨。《南部新书》中记载："长安盛要，哀家梨最为清珍，谚谓'愚者得哀家梨，必蒸吃'。今咸阳出水蜜梨，尤佳。鄠、杜间亦有之，父老或谓是哀家种。"哀家梨源于汉代秣陵人哀仲所种的梨，据说不仅果实饱满，味道还很甜美，所以人们称之为"哀家梨"。

贯休在《田家作》中说："田家老翁无可作，昼甑蒸梨香漠漠。"意思是，田家老翁闲来无事，就蒸梨来打发时间。可见，蒸梨在唐朝司空见惯。

要说吃梨，不光讲究怎么吃，还讲究谁做给自己吃。李泌就曾吃过唐肃宗亲手为他烤的梨。唐朝李繁的《邺侯家传》中记载，唐肃宗"尝夜坐地炉，烧二梨以赐李泌"，这时备受唐肃宗宠爱的颖王求取，唐肃宗也不舍得给。诸王还联句来称赞这件事，颖王曰："先生年几许，颜色似童儿。"信王曰："夜抱九仙骨，朝披一品衣。"益王曰："不食千钟粟，唯餐两颗梨。"唐肃宗曰："天生此间气，助我化无为。"李泌后来拜相，有如东汉的张良一样为李唐王室做出巨大的贡献。所以，这烤梨也不是谁都敢吃的啊。

含桃最说出东吴，香色鲜秾气味殊

樱桃有个别致的称呼，叫"含桃"。《礼记》中云："羞以含桃，先荐寝庙。"郑玄解释说："含桃，樱桃也。"樱桃味道甜美，唐人非常喜欢吃。

唐朝有个著名的盛宴名叫"樱桃宴"，主要是皇帝摆宴席赏赐给大臣樱桃。《旧唐书》中记载："夏四月丁亥，上游樱桃园，引中书门下五品已上诸司长官学士等人芳林园尝樱桃，便令马上口摘，置酒为乐。"《太平御览》中记载："（景龙）四年夏四月，上（中宗）幸两仪殿，命侍臣升殿食樱桃，其樱桃并盛以琉璃，和以杏酪，饮酴醾酒。"可以想象能吃到樱桃宴的人，会感到多么有光彩，可谓吃的不是樱桃，而是面子。

杜甫就参加过这样的宴会，他在《野人送朱樱》中讲述自己收到别人送的樱桃，突然想起当时参加樱桃宴的情景："忆昨赐沾门下省，退朝擎出大明宫。"皇帝赏赐给大臣樱桃，杜甫两手举着将其带回家。但此时已"金盘玉箸无消息，此日尝新任转蓬"，物是人非，身似转蓬。

《太平广记》中记载，新科进士尤为看重樱桃宴。唐僖宗乾符四年（877年），刘邺的第三子刘覃高中，刘邺自然得资助儿子一大笔钱举办宴会。刘覃花大价钱"预购数十树"，举办宴席，大会公卿。那时樱桃刚成熟，味道还不是特别好，而刘覃给樱桃里加点糖酪，味道应该还是很不错的。每个人不过"蛮献一小盘"，但是"亦不啻数升，以至参御辈，靡不沾足"，可见有很多人参加，士子们是多么重视樱桃宴。

芦花独戍晚，柑实万家香

"甘子"即为柑橘，在唐朝想吃到柑橘不是难事。贯休曾有诗《陶种柑橙，令山童买之》，讲的便是他买柑橘的事情："高步南山南，高歌北山北。数载买柑橙，山资近又足。"

《新唐书》中记载："荆州进黄甘，帝以紫纷包赐之。"唐玄宗将荆州进献的柑橘用紫布包着赏赐给萧嵩。

同样是用布包，《大唐新语》里的一个故事却让人啼笑皆非。

益州每年进献柑子，都是用纸包裹的。有一位长吏嫌纸不敬，就代之以细布。然后他又担心包着布的柑子损坏，每天忧心忡忡。等到有一个名叫甘子布的御史到了，长吏以为来追究布裹柑子的事，吓得不行。等到甘子布到了，他就拼命解释他以布裹柑子是为了表达恭敬。御史最初一脸懵，最后才知道到底是怎么回事。听说这件事的人都哈哈大笑。

细酌蒲桃酒，娇歌玉树花

李颀在《古从军行》中说："年年战骨埋荒外，空见蒲桃入汉家。"武元衡在《送寇侍御司马之明州》一诗中说："莲唱蒲萄熟，人烟橘柚香。"李峤在《藤》中说："色映蒲萄架，花分竹叶杯。"蒲桃或蒲萄，都是指葡萄。葡萄是舶来品，唐人对此有多种写法，其中也包括现今的"葡萄"写法。

韩愈曾经作诗《蒲萄》描写了主人未来得及整理葡萄架而导致枝叶枯败的景象。"新茎未遍半犹枯，高架支离倒复扶。若欲满盘堆马乳，莫辞添竹引龙须。"韩愈很有可能就是葡萄爱好者，看到如此美好的食物不被珍惜，便大发闷气，表示你要是想吃整盘堆满马乳似的葡萄，就赶紧安装好支架好让葡萄的蔓条攀爬上去。想想韩愈也是挺可爱的。

一骑红尘妃子笑，无人知是荔枝来

荔枝作为"寄举之首"想必大家都没有异议，主要原因是名人效应。荔枝的代言人是杨贵妃，她凭一己之力将荔枝送上水果界的头把交椅。

"长安回望绣成堆，山顶千门次第开。一骑红尘妃子笑，无人知是荔枝来。"杜牧的《过华清宫》让杨贵妃喜欢吃荔枝这件事天下闻名。"瓤肉莹白如冰雪，浆液甘酸如醴酪。"荔枝虽好，但不易保存，白居易说："若离本枝，一日而色变，二日而香变，三日而味变，四五日外，色香味尽去矣。"

长安不产荔枝，《新唐书》说杨贵妃："嗜荔枝，必欲生致之，乃置骑传送，走数千里，味未变，已至京师。"唐玄宗宠爱杨贵妃，为了杨贵妃能吃上新鲜的荔枝，竟然让传递情报的驿马日夜兼程将荔枝运往长安。关于进献荔枝的产地，有很多种说法。比如，泸戎说。杜甫在《解闷十二首·其十》中写道："忆过泸戎摘荔枝，青峰隐映石逶迤。京中旧见无颜色，红颗酸甜只自知。"又如，涪州说。蔡襄在《荔枝谱》中说："唐天宝中，妃子尤爱嗜，涪州岁命驿致。"而《唐国史补》中记载："杨贵妃生于蜀，好食荔枝，南海所生，尤胜蜀者，故每岁飞驰以进。"看上去这三个地方离长安都不太近，即便用驿马，真的能保证荔枝的新鲜吗？历来有人讨论荔枝的运输方式和情形，无论是文学想象还是亲眼所见，都让其他水果望尘莫及。

荔枝图　清　伍学藻

敲大臣的竹杠：唐朝最烧钱的饭局"烧尾宴"

在唐朝，如果只能参加一次宴席，一定首选"烧尾宴"。烧尾宴堪称唐朝最烧钱的饭局，属于满汉全席级别。《封氏闻见记》中记载："士子初登荣进及迁除，朋僚慰贺，必盛置酒馔音乐以展欢宴，谓之'烧尾'。"也就是说，遇到士子中举或者升官，亲朋好友前来祝贺，这时候主人就要准备丰盛的酒席，还得有配乐，让大家可以边听边聊边吃，非常惬意。

为什么要叫"烧尾宴"呢？

据孔平仲在《孔氏谈苑》中的说法，一说是因为虎化为人，只有尾巴不化，得把尾巴烧掉，才能变成人；一说是新羊入群的时候，其他羊会抵触它，只有烧掉它的尾，才能和其他羊和睦相处；还有一说是鱼跃龙门，在化龙时，必须雷电烧掉它的尾巴才能化成龙。总之，就是要摆脱旧"尾巴"，踏入新征程。

唐中宗景龙年间，烧尾宴非常盛行。《大唐新语》中记载："景龙末，朝纲失叙，风教既替，公卿大臣初拜命者，例许献食，号为'烧尾'。"唐中宗李显似乎对烧尾宴情有独钟。《封氏闻见记》中记载："兵部尚书韦嗣立新入三品，户部侍郎赵彦昭假金紫，吏部侍郎崔湜复旧官，上命烧尾，令于兴庆池设食。"

这场宴会的场面有多么隆重呢？尚书省诸司都要设彩舟游览，彩舟张灯结彩，看起来十分喜庆。吏部的船只被拦截了，兵部的船先到了，兵部尚书韦嗣立就去敬皇帝酒，说吉祥话。唐中宗问吏部的船在哪里呢？吏部侍郎崔湜赶紧跑到北岸催促他们部门的船。不一会儿，户部的船来了，户部的船是双层的，还有人在上面演奏胡乐。崔湜赶紧让他们靠岸，然后拿纸笔写了一个"吏"贴在牌子上。唐中宗一看十分高兴，说兵部的船赶不上吏部的。兵部尚书韦嗣立坐不住了。风乍起，崔湜贴着的那张纸被吹起来了，韦嗣立看见了，启奏皇帝说这不是吏部的船啊。唐中宗命人把挂纸的牌子取过来，一看下面是"户"字，哈哈大笑。韦嗣立就奏请皇帝处罚弄虚作假的崔湜，而唐中宗没有这样做，只罚酒了事。

先不说游乐项目，继续回到吃上。《清异录》中辑录了韦巨源官拜尚书令左仆射向唐中宗进献烧尾宴的菜单。菜单上的菜品五花八门，琳琅满目，有主食、有羹汤、有山珍海味，也有家畜飞禽；而且制作工艺十分讲究，比如"生进二十四气馄饨"是由二十四种不同的花形馅儿料组成的。又如"素蒸音声部"，是"面蒸，象蓬莱仙人，凡七十事"，也就是将面点捏成七十个蓬莱仙人形状的歌女；取材十分丰富，有鹌鹑、虾、蟹、鳜鱼、猪、羊、鹿、鹅、蛙、鸡、兔、蛤蜊，等等；值得称道的是，菜品的名称颇为雅致，比如巨胜奴、贵妃红、御黄王母饭、八仙盘、缠花云梦肉、汤浴绣丸，等等。

不知嘴馋的唐中宗吃得是否满意？烧尾宴仅烧了二十年左右就无法继续了，因为太奢侈了。《新唐书》中记载，烧尾宴遭到大臣苏瑰的抵制。他升官时候，就不向皇帝进献"烧尾宴"，同僚都嘲笑他，连唐中宗也不高兴了。苏瑰不仅不害怕，还勇敢直谏说："宰相燮和阴阳，代天治物。今粒食踊贵，百姓不足，卫兵至三日不食，臣诚不称职，不敢烧尾。"意思是，百姓和卫兵都吃不饱，我可没有脸捎饬这铺张的烧尾宴。大臣没脸，身为百姓衣食父母的皇帝就有脸了吗？想必被怼的唐中宗当时心里也不是滋味。最终，唐玄宗执政的开元年间，烧尾宴被废止了。

唐朝点心：让干饭人念念不忘的风味小吃

在唐朝，点心的说法和现在有很大的不同。根据南宋吴曾在《能改斋漫录》中记载，从唐朝开始，人们将早晨小食称为"点心"。"唐郑傪为江淮留后，家人备夫人晨馔，夫人顾其弟曰：'治妆未毕，我未及餐，尔且可点心。'"可见，郑傪夫人还没打扮好，就让人简单准备点早点吃就可以了。那么，如果是在唐朝，人们可以吃到什么风味小吃呢？

《朝野佥载》中记载，一位叫张衡的官员，有一次看见路边有刚出锅的蒸饼①，就买了一个，一边骑马一边吃了。本来是无关痛痒，连八卦都算不上的事儿，结果正好被御史看到，随即"被御史弹奏，则天降敕"，以影响朝廷形象为由，将其弹劾贬官，这件事真正成为一个八卦。虽然吃要有吃相，但大臣在街边公然吃饼就被弹劾丢官，难免有点儿不近人情。

除了蒸饼外，唐人还爱吃胡饼②，卖胡饼的小店随处都有。《广异记》中记载，东平县尉"夜投故城，店中有故人卖胡饼为业"；白居易在《寄胡饼与杨万州》中说"胡麻饼样学京都，面脆油香新出炉"；会昌元年（841年），唐文宗在赏赐寺院僧侣时也出现了胡饼，因为当时"时行胡饼，俗家亦然"。

唐朝韦绚的笔记小说《刘宾客嘉话录》中记载了宰相刘晏与胡饼的趣事。"刘仆射晏五鼓入朝，时寒，中路见卖蒸胡饼之处，热气腾辉，使人买之，以袍袖包裙帽底，啖之，且谓同列曰：'美不可言，美不可言。'"热腾腾的胡饼吃着感觉美不可言。

刑部侍郎刘伯刍在安邑里居住的时候，巷口有卖饼的，他每天早上从小店门前经过，总能听见店家哼歌。有一次，刘伯刍和店家聊天，得知店家十分贫穷，于是倾囊相助，给了他一万钱，让其扩大经营规模，他每天来取饼作为补偿。之后刘伯刍再从小店门前走过，再也听不到唱歌的声音了。刘伯刍觉得十分不解，于是有一天呼喊店家，店家出来后，他问店家为什么不再唱歌了呢？店家回答："本流既大，心计转粗，不暇唱渭城矣。"意思是，现在生意做大了，花的心思也就多了，没有时间唱歌了。刘伯刍想了想说，做官也是这样啊！这个不复唱歌的店家卖的也是胡饼。

胡饼与江湖豪杰也有关系。在《虬髯客传》中，红拂女和李靖夜奔太原，

①蒸饼：包括各种上笼蒸熟的面食，其中包括现代的馒头，属于发酵面食。
②胡饼：和如今新疆的"馕"非常像，但是要比馕小许多。

在灵石旅店遇到虬髯客。虬髯客饿了，李靖就拿出胡饼。虬髯客抽出匕首，"切肉共食"，一副倜傥豪迈的英雄气概模样。

出土的各种唐朝面点

胡饼还见证了大唐的兴衰。《资治通鉴》中记载，唐玄宗在安史之乱爆发后逃亡的路上，到大中午了都没吃东西，这时"杨国忠自市胡饼以献"，吃惯山珍海味、大鱼大肉的唐玄宗，想必面对这一市井吃食，会生出无限的感慨吧。其实，贵族不是不吃胡饼，只是只有胡饼充饥难免有些怆然。

在韦巨源办的烧尾宴中，有一道名叫"巨胜奴"的点心，其实就是胡饼。《神农本草经》中记载："胡麻一名巨胜。""巨胜奴"名字虽好，但只不过是一份小小的胡饼而已。

还有一种胡饼中的战斗饼，那就是"古楼子"，《唐语林》中记载了它的做法："起羊肉一斤，层布于巨胡饼，隔中以椒豉，润以酥，入炉迫之，候肉半熟食之。"其实就是经过特殊加工的羊肉馅饼。经过添加各种佐料，在炉边烤，想必更是美不可言。

除了胡饼，唐人还爱吃汤饼①。《新唐书》中记载，王皇后曾经对唐玄宗说："陛下独不念阿忠脱紫半臂易斗面，为生日汤饼邪？"意思是，唐玄宗的岳父曾经用自己的衣服换了面，给唐玄宗过生日做汤饼吃。

在唐朝，如遇天气炎热，人们则可以改吃"冷淘"。《大唐六典》中记载：

---

①汤饼：指水煮面条或面片一类的食物。

"太官令夏供槐叶冷淘。凡朝会燕飨，九品以上并供其膳食。"槐叶冷淘是一道类似现在凉面的吃食，用唐朝的说法应该叫"冷汤饼"。

《酉阳杂俎》中记载了一道叫作"樱桃饆饠"的美食，可以说是一种大胆的创新。

饆饠，是一种包馅的面食。唐朝李匡乂《资暇集》中记载："毕罗（此处应该是音译）者，蕃中毕氏、罗氏，好食此味。今字从'食'，非也。"意思是，一家姓毕的人家和一家姓罗的人家喜欢吃这种食物，所以就给这两个姓加个食字旁。李匡乂认为，这种说法属于道听途说，不可信。

饆饠一般是荤馅，但是韩约却脑洞大开，做了樱桃馅的。《酉阳杂俎》中记载："韩约能作樱桃饆饠，其色不变。"大胆地创新，再品鉴一下味道，合适就可以留下。

樱桃除了做樱桃饆饠，还能做樱桃酪。人们吃的时候，一般要用琉璃碗装樱桃，然后再配上酥酪，蘸点糖浆，喝点小酒，美不胜收。到底如何美不胜收呢？还得请吃过的人现身说法。白居易形容这道点心的外观和气味是"荧惑晶华赤，醍醐气味真。如珠未穿孔，似火不烧人"。可见其晶莹剔透又鲜香甜美，"琼液酸甜足，金丸大小匀"，是说美食是酸甜口的，而且像丸子一样大小均匀，非常好看。他自己品尝，是"手擘才离核，匙抄半是津。甘为舌上露，暖作腹中春"，令人口齿生津，味道简直无与伦比。

虽然烹饪的花样千千万，做出的点心也千奇百怪，但要想人人爱之，还得掌握烹饪的火候。《酉阳杂俎》中记载，唐德宗贞元年间的一位将军，他认为"物无不堪吃，唯在火候，善均五味。"意思是，世界上没有不能吃的东西，关键在火候，还要调和五味。他就将败障泥胡盝取回去"修理食之"，据说味道还不错。败障泥是指用坏的马鞯，胡盝是指盛箭矢的器具，不禁想问这真的能吃吗？

第六章

唐朝茶酒事：

古来圣贤皆寂寞，

唯有『饮』者留其名

葡萄美酒夜光杯：唐朝人喝酒的正确姿势

"古来圣贤皆寂寞，唯有饮者留其名。"说到唐朝爱喝酒的人士，肯定会有人先想到"饮中八仙"，杜甫曾作《饮中八仙歌》称赞八位纵饮狂歌的饮酒达人。

"知章骑马似乘船，眼花落井水底眠。"贺知章喝醉后，骑马好像乘船一样，摇摇晃晃，醉意蒙眬，憨态可掬；"汝阳三斗始朝天，道逢麹车口流涎，恨不移封向酒泉。"汝阳王李琎见到装酒的车子垂涎三尺，恨不得天子能把自己的封地定在酒泉；"左相日兴费万钱，饮如长鲸吸百川，衔杯乐圣称世贤。"左相李适之

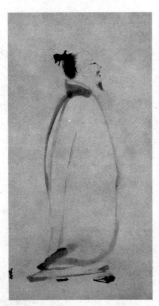

李白行吟图　南宋　梁楷

喝酒更为豪迈，如长鲸吸百川，他个人能力超强，喝酒也不耽误公事，《新唐书》中描述他"喜宾客，饮酒至斗余不乱。夜宴娱，昼决事，案无留辞"，真正做到了办公娱乐两不误；"宗之潇洒美少年，举觞白眼望青天，皎如玉树临风前。"爱喝酒的不一定长得好看，长得好看的不一定爱喝酒，崔宗之就两者兼有，玉树临风，风流潇洒；"苏晋长斋绣佛前，醉中往往爱逃禅。"苏晋醉酒后潇洒不羁，逃避参禅；"李白一斗诗百篇，长安市上酒家眠。天子呼来不上船，自称臣是酒中仙。"李白喝醉后不仅文思泉涌，还放浪形骸，就算是天子的传召也不去；"张旭三杯草圣传，脱帽露

顶王公前，挥毫落纸如云烟。"草圣张旭喝醉后性情大变，《旧唐书》中记载他"每醉后号呼狂走，索笔挥洒，变化无穷，若有神助，时人为'张颠'，这大概就是古代版的"不疯魔，不成活"吧；"焦遂五斗方卓然，高谈雄辨惊四筵。"焦遂喝醉后一改常态，高谈阔论，舌战群儒。

即便是没有被杜甫点名的普通人，也有嗜酒如命的。《太平广记》中记载："贞元末，有布衣，于长安中游酒肆，吟咏以求酒饮，至夜，多酣醉而归，旅舍人或以为狂。"寄居在客舍中的布衣天天喝得酩酊大醉回到旅舍休息，旅舍人立马给他贴了一个"狂"的标签。遇到一些重大节日，平民百姓更是纵酒狂欢，王驾《社日》中说"桑柘影斜春社散，家家扶得醉人归"，想必这些人都喝了不少酒吧。

爱喝酒，但是也要讲喝酒的规矩，尤其在饭局上，更要遵循礼仪。诗僧王梵志流传下来很多首诗，将唐人的待客之道讲得明明白白。比如客人快来了，主人要出去迎接。"主人相屈至，客莫先入门。若是尊人处，临时自打门。"作为客人，一定不能先进门，要等主人安排。当然，一般迎客的主人会提前洒扫庭除以待客。

进门后，座位会有一定的安排。"尊人立莫坐，赐坐莫背人。蹲坐无方便，席上被人嗔。"意思是，尊贵的人站着时，其他人不要着急落座。如果尊者赐座，那坐的时候千万不要背对着人。坐姿要端正，不要随便倚靠，不然会惹人嗔怒。"尊人对客饮，卓立莫东西。使唤须依命，弓身莫不齐。尊人与须（一本作'酒'）吃，即把莫推辞。"与尊贵的人同席，一定要弄清楚自己的位置，不能坐在尊者的位置上，更不要多说话，左顾右盼。对于尊贵的人给自己夹菜的情况，要欣然接受，不要推辞。对于饮酒最好是"巡来莫多饮，性少自须监。勿使闻狼相，交他诸客嫌"，喝酒要讲究酒德，不要喝得酩酊大醉，惹人嫌弃。

如果在谈话间遇到有人来了，"尊亲尽远迎"，都得去欢迎一下客人，无论客人贫富贵贱，都应该一视同仁。

这套待客之道有的被保留下来，成为现今餐饮礼仪的一部分。古代讲究尊卑有别，现在没有那么强烈的尊卑观念，但待客或者侍奉长辈，都应该拿出十足的尊敬来。孟郊还写了一首《酒德》的诗："酒是古明镜，辗开小人心。醉见异举止，醉闻异声音。酒功如此多，酒屈亦以深。罪人免罪酒，如此可为箴。"这首诗将反讽的功力发挥得淋漓尽致，"控诉"小人酒醉后丑态毕露的嘴脸与行径，读之非常过瘾。

唐朝的酒已经有非常丰富的种类，李肇在《唐国史补》中记载：

> 酒则有郢州之富水，乌程之若下，荥阳之土窟春，富平之石冻春，剑南之烧春，河东之乾和、蒲萄，岭南之灵溪、博罗，宜城之九酝，浔阳之湓水，京城之西市腔，虾蟆陵、郎官清、阿婆清。又有三勒浆、类酒，法出波斯。三勒者谓庵摩勒、毗梨勒、诃梨勒。

有如此多种类的美酒，唐人也在酒器上下了功夫。比如"葡萄美酒夜光杯"，在夜光杯的映衬下，葡萄酒的色泽更加鲜艳；还有李白在《襄阳歌》中说"鸬鹚杓，鹦鹉杯。百年三万六千日，一日须倾三百杯"，鸬鹚杓、鹦鹉杯就是李白使用的酒器。除此之外，还有玛瑙杯、金樽等。

唐朝还设有专门的陪酒师，即酒妓，或被称为"饮妓"。《北里志》中记载："京中饮妓，籍属教坊，凡朝士宴聚，须假诸曹署行牒，然后能致于他处。"当时，达官贵胄、文人士子多与饮妓有来往。"杨汝士尚书镇东川，其子知温及第，汝士开家宴相贺，营妓咸集。"杨汝士为自己的儿子办宴会，也有酒妓参与。可见，酒妓与达官贵胄的交往是十分频繁的。

教坊中也有胡姬，陈寅恪先生在《元白诗笺证稿》中指出："自汉代以来，旅居华夏之中亚胡人，颇以善酿著称，而吾国中杰出之乐工亦多为西域胡种。则此长安故倡，既居名酒之产区，复具琵琶之绝艺，岂所谓'酒家胡'者也？"

李白的"细雨春风花落时，挥鞭直就胡姬饮""胡姬貌如花，当垆笑春风"等句都说明他与胡姬有交往。

唐朝诗人施肩吾以幽默的口吻作了一首《戏郑申府》："年少郑郎那解愁，春来闲卧酒家楼。胡姬若拟邀他宿，挂却金鞭系紫骝。"年少的郑申府在酒楼遇见邀请他住宿的胡姬，吓得他一溜烟跑了。

醉翁之意不在酒，在乎酒姬之笑也。酒姬对"醉翁"诗词的传唱起了很大的作用，因为她们一般有很强的鉴赏能力。王灼在《碧鸡漫志》中记载，开元年间，王昌龄、高适、王涣之在旗亭饮酒。这时，梨园伶官也召妓聚宴。王昌龄、高适、王涣之三人私下约定说："我们都擅长作诗，没有定谁优谁劣，咱们就一起看这些酒姬的评判吧！"

一伶唱王昌龄的两首绝句："寒雨连江夜入吴。平明送客楚山孤。洛阳亲友如相问，一片冰心在玉壶。""奉帚平明金殿开，且将团扇共徘徊。玉颜不及寒鸦色，犹带昭阳日影来。"一伶唱高适的绝句："开箧泪沾臆，见君前日书。夜台今寂寞，犹是子云居。"

王之涣说："佳妓所唱，如非我诗，终身不敢与子争衡。不然，子等列拜床下。"意思是，佳妓如果不唱我的词，我以后再也不和你们争诗名了。过了一会儿，一伶唱道："黄河远上白云间，一片孤城万仞山。羌笛何须怨杨柳，春风不度玉门关。"王之涣一听唱自己的诗作了，立马揶揄王昌龄和高适说："田舍奴，我岂妄哉！"由此可见，唐朝的妓女都歌唱当下诗人的名曲，如果没有你的诗，说明你的诗还不够好，或者不够火。所以"醉翁"能不在意酒姬之笑吗？

会须一饮三百杯，停，你酒令呢

李白在《春夜宴桃李园序》中描述了一场热闹的宴席："开琼筵以坐花，飞羽觞而醉月。不有佳咏，何伸雅怀？如诗不成，罚依金谷酒数。"李白向我们展现了唐人曲水流觞、作诗饮酒的肆意生活。饮酒、赋诗、行令、取乐是唐人生活极其寻常的事情，既能陶冶性情，又能肆意行乐。

唐朝的行酒令，一般不限制人数，在座的所有人都可以参与。据赵彦卫的《云麓漫钞》中记载，行酒令时一般以二十人为一组，每组有个监令，其实就是小组长，观察酒令的执行情况。因为监令是酒场的头儿，所以也用县令的称谓"明府"来称呼监令。在喝酒的时候，如果听见别人喊"明府"，别误会，不是真的县令来了。

光有组长不够，下面还得设两个委员，即"律录事"和

唐人宫乐图　李凤公

"觥录事"。顾名思义，律录事主要负责宣令和行酒，也叫"席纠""酒纠"，类似现在的组织委员，主持行酒令。觥录事则和酒杯有关，主要负责罚酒，也叫"觥使""主罚录事"，说白了就是纪律委员。

酒纠是酒席的核心人物，没有他的主持，一切行乐行动都难以开启。歌妓一般担任宴会的酒纠，《北里志》中记载，这一类人"善谈谑，能歌令，常为席纠，宽猛得所"。

《唐语林》中记载，京城名妓郑举举有一次生病未能参加宴会，妓女李深之

就代替郑举举担任了酒纠。状元郎吟诵了一曲："南行忽见李深之,手舞如蚩令不疑。任有风流兼蕴藉,天生不似郑都知。"尽管李深之这酒纠做得很卖力,但是在状元眼里还是比不过郑举举。

《云溪友议》中记载,澧州宴席有一个叫崔云娘的酒纠,"形貌瘦瘠,而戏调罚于众宾",她自己"兼恃歌声,自以为郢人之妙也"。李宣古嘴比较损,他吟咏了一曲,内容是:"何事最堪悲?雪娘只首奇。瘦拳抛令急,长嘴出歌迟。只怕肩侵鬓,唯愁骨透皮。不须当户立,头上有钟馗。"将云娘"夸赞"得如钟馗般"美丽"。

唐朝最流行的酒令有三种,即律令、骰盘、抛打。

律令需要在场的所有人参与其中,行令形式多种多样,有拆字令、添字令、断章取义令等。张鷟在《游仙窟》中表明,张生与五嫂、十娘行的酒令便是断章取义令。五嫂宣令说:"赋古诗,断章取义,唯须得情。若不惬当,罪有科罚。"也就是说意思得对上,不然就会被罚酒。十娘说:"关关雎鸠,在河之洲。窈窕淑女,君子好逑。"这是用《诗经·关雎》来表达她想要和张生好合的意思。张生还令:"南有乔木,不可休思。汉有游女,不可求思。"张生表明自己欲求十娘而不得的想法。这时,五嫂再还令:"析薪如之何?匪斧不克。取妻如之何?匪媒不得。"意思是,自己愿意做红娘,成全你们的姻缘。由此可见,想行律令,必须文思敏捷。

骰盘令就是一种掷骰子喝酒的游戏。白居易《就花枝》将行骰盘令的热闹场面记录了下来:"就花枝,移酒海,今朝不醉明朝悔。且算欢娱逐日来,任他容鬓随年改。醉翻衫袖抛小令,笑掷骰盘呼大采。自量气力与心情,三五年间犹得在。"

抛打令类似现在的击鼓传花,伴随歌舞表演,将场面渲染到极致。甚至还出现了专属的歌曲如《香毬》《调笑》《舞引》等。

"花时同醉破春愁,醉折花枝作酒筹。"为了喝好酒、行好酒令,唐人可谓煞费苦心，还写下不少与酒有关的著作。比如李珏《甘露经》、皇甫松《醉乡日月》等。我们也不妨学习一下古人的行酒令，相信能为宴饮聚会增添更多的乐趣与谈资。

文人的诗酒情结：饮的不是酒，是寂寞

李白说："天若不爱酒，酒星不在天。地若不爱酒，地应无酒泉。天地既爱酒，爱酒不愧天。已闻清比圣，复道浊如贤。贤圣既已饮，何必求神仙。三杯通大道，一斗合自然。但得酒中趣，勿为醒者传。"他将饮酒渲染成比得道成仙还快活的事情。酒对于李白来说，是放浪形骸前的酝酿，是笔下龙蛇走的前奏，更是浪漫放旷、潇洒恣肆人生的一种别样的陪伴。

俱怀逸兴壮思飞，在酒的催发下，李白的胸腔奔涌着激荡的波涛，凝驻在笔尖便是一个个铿锵有力的文字。喝醉后的李白伴狂恣肆，将山河随便拉来便可汇入汹涌的诗涛中。"清风朗月不用一钱买，玉山自倒非人推"，这等狂纵放浪的文字出自烂醉如泥的李白之口。他颇有一副"人间清醒"的架势，高呼出自己的誓言："舒州杓，力士铛，李白与尔同死生。"

其实，在李白狂放不羁的身体里跳动着一颗落寞与愤懑的心。他渴望建功立业，却无奈和养鸡少年之流在一处供职，"不如归去"既是他蔑视功名利禄的呼号，也是他壮志难酬的悲鸣。所以他才有数不尽的惆怅，"五花马，千金裘，呼儿将出换美酒，与尔同销万古愁"。如果没有那么惆怅，也不会有"人生得意须尽欢，莫使金樽空对月"的及时行乐的言谈。大概是李白太浪漫了，千年的尘沙不足以淘洗尽他的情怀，甚至连他的死亡也被后人编上了一个浪漫的想象，说他在酒醉后捞月亮失足而死。

醉酒后的李白文采飞扬，这大概是李白与酒的不解之缘。文人如果与酒有情缘，那自然离不开酒醉后的灵光乍现。据说贺知章和李白一样，酒醉后诗情

万丈。《旧唐书》中记载，贺知章"醉后属词，动成卷轴，文不加点，咸有可观"。白居易也是嗜酒狂人，《泊宅编》中记载："白乐天多乐诗，二千八百首中，饮酒者八百首。"看来文人的诗情真的与酒有莫大的关系。

"长剑一杯酒，男儿方寸心。"文人抒发豪迈的感情时也离不开酒。骑着塞外的战马驰骋，葡萄酒伴随苍凉的琵琶撩动不安的心弦，风催边关，而琵琶声声催心肝。在征人面前的，除了胜利后的庆功，还有随时马革裹尸的坚毅与勇敢。"醉卧沙场君莫笑，古来征战几人回？"有多少尸骸埋没在这滚滚黄沙下，无人问津。

金戈铁马，正是男儿建功立业时。"脱鞍暂入酒家垆，送君万里西击胡。功名祗向马上取，真是英雄一丈夫。"借着酒兴，方可驰骋这孤烟大漠，无惧路途的艰难和敌人的勇武，勇敢冠三军，直入虎狼营。

如果遇到苦闷忧愁的事情，自然更离不开酒。以沉郁顿挫诗风见长的大诗人杜甫非常爱喝酒，他的酒名也延播到了后世。南宋大诗人杨万里的《类试所戏，集杜句跋杜诗，呈监试谢昌国察院》中说："有客有客字子美，日籴太仓五升米。锦官城西生事微，尽醉江头夜不归。青山落日江湖白，嗜酒酣歌拓金戟。"杜甫不仅喝酒，还夜醉江头。即便是在落拓失意的日子里，他也不曾忘了酒，"朝回日日典春衣，每日江头尽醉归。"典当衣物换酒钱，"酒债寻常行处有"；高兴的时候，他"白日放歌须纵酒，青春作伴好还乡"；愁苦的时候，他"重阳独酌杯中酒，抱病起登江上台"。这大概就是苦吟的杜甫，也只有苦吟的杜甫才能"语不惊人死不休"。

送别的时候，离不开愁，更离不开酒。酒入愁肠，难免就会化作相思的眼泪。陈季卿别妻时，"酒至添愁饮，诗成和泪吟。"没有妻子的陪伴，他只能自哀自叹，感受"明夜相思处"，秋风卷席衣衫般的孤凄与冷寂。

"下马饮君酒，问君何所之。君言不得意，归卧南山陲。但去莫复问，白云无尽时。"人生失意离去，莫问归途，只求用片刻的把酒言欢将彼此定格在绚烂的回忆里。"今日送君须尽醉，明朝相忆路漫漫。"深厚的感情不用强烈的醉意来表达都道不尽这蕴藏在心中的不舍与离愁。千言万语都不如一句"劝君更尽一杯酒，西出阳关无故人"，酒足饭饱，好各自奔前程。

即便是有闲情雅致的日常生活，也离不开酒的助兴。"但使主人能醉客，不知何处是他乡。"相聚的缘分在酒意蒙眬间晕染了脸颊，"主称会面难，一举累十觞。十觞亦不醉，感子故意长。"深厚的思念与情感，在见面的时候无法表达出来，唯有一觞接一觞地喝酒，一夜接一夜的宿醉，才能将彼此间浓浓的情谊遍尝。

"兴因尊酒洽，愁为故人轻。"在偶感人生寂寞失意之时，抑或舒畅释然之时，不妨给朋友们发出邀请：晚来天欲雪，能饮一杯无?

饮茶风遍布全国：唐代喝茶到底有多讲究

饮茶之风的兴盛是在唐朝。在唐以前，喝茶的人都是有十足闲散时间的人。陆羽在《茶经》中记载："齐有晏婴，汉有扬雄、司马相如，吴有韦曜，晋有刘琨、张载、远祖纳、谢安、左思之徒，皆饮焉。"

唐朝初期，喝茶不是能被所有人都接受的。《封氏闻见记》中记载："南人好饮之，北人初不多饮。"真正使茶叶成为全民饮品的要归结到禅的影响。开元年间，"泰山灵岩寺有降魔师大兴禅教，学禅务于不寐，又不夕食，皆许其饮茶。人自怀挟，到处煮饮。从此转相仿效，逐成风俗。自邹、齐、沧、棣，渐至京邑。"

在陆羽之前，普通大众喝茶的方式为在茶里加入各种调味品。陆羽认为："或用葱、姜、枣、橘皮、茱萸、薄荷之等，煮之百沸，或扬令滑，或煮去沫，斯沟渠间弃水耳，而习俗不已。"也就是说，对于在茶中加葱、姜、枣、橘皮、茱萸、薄荷等原料煮，再撇去沫或者是扬起茶汤使之变清的做法做出的茶，和

宫乐图 唐

倒在沟渠中的废水没什么两样。

陆羽在《茶经》中说："至若救渴，饮之以浆；蠲忧忿，饮之以酒；荡昏寐，饮之以茶。"茶叶能提神醒脑，这一功能受到人们广泛的欢迎。饮茶之风迅速风靡各个阶层。上到王公贵胄，下到平民百姓，皆无茶不欢。《元和郡县图志》中记载了宫廷对贡茶的需求："顾山在县西北四十二里。贞元以后，每岁以进奉顾山紫笋茶，役工三万人，累月方毕。"

在民间，人们也习惯了饮茶，有些地方的人甚至一天不喝茶都感觉难受。杨晔在《膳夫经手录》中记载："饶州浮梁茶，今关西、山东、间阎村落皆吃之。累日不食犹得，不得一日无茶也。"

人们对茶叶强烈的需求拉动了茶叶贸易的发展。王建在《寄汴州令狐相公》中写道："水门向晚茶商闹，桥市通宵酒客行。"足见卖茶市场的繁荣。有些贼人甚至想出了用茶叶来洗钱的方法。

杜牧在《上李太尉论江贼书》中对这一行为进行了揭露和申斥：盗贼抢劫了商人，"皆得异色财物，尽将南渡，入山博茶。"他们想要销赃，"盖以异色财物，不敢货于城市，唯有茶山可以销受。"

他们带这么多钱财入茶山，为什么不会引起官兵的怀疑呢？这是因为"茶熟之际，四远商人，皆将锦绣缯缬、金钗银钏，入山交易，妇人稚子，尽衣华服，吏见不问，人见不惊"。茶商们都太土豪了，穿戴非常华丽，人们都不以为异。盗贼就是钻了这个空子，将抢劫来的金银珠宝换成茶叶，再出售茶叶换钱。经过这么一番操作，成功洗钱。

在唐朝，喝茶是十分讲究的。《唐国史补》中记载了唐朝茶叶中的名品："剑南有蒙顶石花，或小方，或散芽，号为第一。湖州有顾渚之紫笋，东川有神泉小团、昌明兽目，峡州有碧涧、明月、芳蕊、茱萸簝，福州有方山之露牙，夔州有香山，江陵有南木，湖南有衡山，岳州有灉湖之含膏，常州有义兴之紫笋，婺州有东白，睦州有鸠坑，洪州有西山之白露，寿州有霍山之黄牙，蕲州有蕲门团黄，而浮梁之商货不在焉。"

讲究的人，对煮茶的水会进行甄选。陆羽认为："其水，用山水上，江水中，井水下。"即便是山水，也有好差之别，"拣乳泉石池漫流者上"，"瀑涌湍濑"的水就不要选用了。

陆羽爱好茶学，研究茶学，并用脚步丈量大唐的土地，行遍三山五岳，掌握了第一手的茶叶资料，品鉴各地的名泉名水，实地考察的经验让他写的《茶经》足够真实、足够有说服力。通过他的努力，开创了茶学一门学问。他的《六羡歌》正是他人生的写照：不羡黄金罍，不羡白玉杯；不羡朝入省，不羡暮入台；惟羡西江水，曾向竟陵城下来。

茶具改革，这得归功于崔千金的病

唐人品茶会对茶的色泽进行品鉴。茶汤的颜色和茶碗的颜色相互搭配，才更具观赏性。唐朝徐寅在《尚书惠蜡面茶》中说："金槽和碾沉香末，冰碗轻涵翠缕烟。"这正是他对烹茶时茶汤色泽变化以及与茶碗搭配显示出的效果的赞赏。

如果不会搭配，可以按照茶圣陆羽的搭配方法："越州瓷、岳瓷皆青，青则益茶，茶作白红之色；邢州瓷白，茶色红；寿州瓷黄，茶色紫；洪州瓷褐，茶色黑，悉不宜茶。"

所以，茶碗尽量选择越州瓷、岳瓷。因为此地产的青瓷会让茶汤看起来色泽更优。

要想好好品茶，不仅需要茶碗的衬托，还需要茶托的陪衬。不然一碗滚烫的热茶上来，烫得手无法端稳，怎么能品鉴得当呢？

据说，茶托是由一位姓崔的千金发明的。唐朝李匡义的《资暇录》中记载，建中蜀相崔宁的女儿生病了，她在喝茶的时候，手指被烫了一下，她就命人"取碟子承之"，但是这样喝也有问题，杯子喝碟子不是固定的，只要一喝，

调琴啜茗图　唐　周昉

要么碟子掉了，要么茶水洒了，总之，不怎么好用。她就想了个办法，"乃以蜡环碟子之央"，用蜡将杯子固定到碟子上，这样便稳当了，喝茶就方便多了。然后她就将这个发明推荐给蜀相，蜀相觉得不错，开始向亲朋好友夸赞和推荐，慢慢地茶托便流传开来。后来，"是后传者更环其底，愈新其制，以至百状焉"。经过不断地花样翻新，形状各异的茶托被陆续制作出来。

宋代程大昌的《演繁露》中记载："托始于唐，前世无有也。崔宁女饮茶，病盏热熨指，取碟子融蜡象盏足大小而环结其中，寘盏于蜡，无所倾侧，因命工髹漆为之。宁喜其为，名之曰托，遂行于世。"

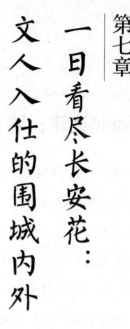

第七章

一日看尽长安花：
文人入仕的围城内外

平海起迷津：隐士的心思很难猜

李白说："吾爱孟夫子，风流天下闻。红颜弃轩冕，白首卧松云。"这首诗描述孟浩然隐逸的潇洒，称赞他高洁的人品。孟浩然出生于永昌元年（689 年），直到开元十五年（727 年），已近不惑之年的他才去长安进行科考。其间，他一直过着隐逸的生活，其中有很长一段时间，他隐居在襄阳鹿门山。"岩扉松径长寂寥，惟有幽人自来去。"此时的他应该是十分闲适和快乐的。

杜甫曾说"吾怜孟浩然，裋褐即长夜"，可见孟浩然的日子过得十分清贫。当然孟浩然后来想入仕的动机并不是单单因为穷，在学而优则仕的古代，哪个文人一有机会不想一展抱负呢？中年的孟浩然终于坐不住了，于是决定去参加科考。只可惜，现实并未如孟浩然的意，他的仕途之路走得并不太顺。"迷津欲有问，平海夕漫漫"，可谓迷茫的孟浩然中晚年的真实写照了。

中年的孟浩然其入仕之心是真诚的。在此之前，其隐居的潇洒和飘逸也是纯洁而没有功利的。与此不同，当时许多人隐居完全是为了炒作，以提高自己的名声。唐朝有个叫卢藏用的人，就想通过隐居来提升自己的名声。他先是隐居在终南山，因为终南山离长安不远。后来，皇帝搬到洛阳"办公"，他也跟着隐居到了嵩山。他的"假隐居"之心，路人都知道了，就给他起了一个"随驾隐士"的外号。可笑的是，卢藏用竟然最终如了愿，做了左拾遗，之后一路高升。

与卢藏用不同，隐士司马承祯真的不想入仕，他拒绝皇帝的征召，准备归隐时，卢藏用送他，《大唐新语》中记载，卢藏用指着终南山说："此中大有佳处，何必在远！"司马承祯回答："以仆所观，乃仕宦捷径耳。""此中大有佳处"，什么佳处呢？就是官场直通车，"终南捷径"这一成语也是从此而来。司马承祯这么一说，卢藏用"有惭色"，也感觉有点不好意思了。

唐朝诗人裴迪曾写过一首《送崔九》来告诫崔九：

> 归山深浅去，须尽丘壑美。
>
> 莫学武陵人，暂游桃源里。

意思是，山林非常美，如果你真心归隐，你就要尽情欣赏美景。千万不要学武陵人，在桃花源里短暂一游就回来了。想必裴迪也看穿了好多隐士的鬼把戏，劝自己的好朋友不要像他们一样沽名钓誉。所以，唐人的隐居，不见得都是认真的。

"天下英雄尽入彀中"，骗了多少人

唐太宗是一个爱惜人才的人，"内举不避亲，外举不避仇"，只要是人才，他都大胆起用。《隋唐嘉话》中记载，唐太宗召见李义府，让他咏乌。李义府作诗末句云："上林如许树，不借一枝栖。"唐太宗听出李义府担心自己不被征用的顾虑，说道："吾将全树借汝，岂惟一枝。"这个故事从侧面说明了唐太宗不拘一格招揽人才。

为了招揽人才，唐太宗下令改革科举制度。将考试科目增加到秀才科、进士科、明经科、明法科、明书科和明算科六科，并且规定"四时听选，随阙注拟"，考生还可以不到长安城考试，选择参加"东选"，到洛阳去考试也可以。

除此之外，唐太宗还另设制举，贞观十七年（643 年）"手诏举孝廉茂才异能之士"。在唐太宗的大力推崇下，寒门子弟有机会入仕做官，改变命运。面对这样的情景，唐太宗特别欣慰，说道："天下英雄入吾彀中矣！"

通过科举选拔人才，举子们无论贫富都有平等的机会入朝做官。《唐摭言》中记载，咸通年间，有的举子比较富有，穿着华丽的衣服，骑着高头大马；有的举子家里穷，穿着寒酸，只能骑瘦驴。于是皇帝为了一视同仁，规定大家都不准骑马，"时场中不减千人，虽势可热手，亦皆跨长耳"。还有人作了打油诗："今年敕下尽骑驴，短鞯长鞭满九衢。清瘦儿郎犹自可，就中愁杀郑昌图。"原来郑昌图的块头比较大，骑起矮驴来实在是有点难受。这个一视同仁的举动，竟然发生在唐僖宗身上，也不知道是他真的想要给天下举子一个公平，还是随便胡闹所致，真是令人唏嘘。

天下英雄争相入彀，难免僧多粥少。唐人赵嘏在《韵府》一诗中说"太宗皇帝真长策，赚得英雄尽白头"，许多人终其一生，也没能上榜。不过有不上榜的，就有精益求精的，比如很多人都愿意考进士科，《唐摭言》中有"缙绅虽位极人臣，不由进士者，终不为美"之说。宰相薛元超晚年曾自述平生的三大憾事，第一件就是没能参加科举以进士及第。

科举考试图

为了参加科举考试，白居易非常勤奋，他和好友元稹在长安郊外华阳观努力备考。他在《自述苦学》中说："十五六，始知有进士，苦节读书。二十已来，昼课赋，夜课书，间又课诗，不遑寝息矣。以至于口舌成疮，手肘成胝。"意思是，他十五六岁才知道有科考这回事，就努力读书，等到二十岁，更是刻苦，白天学习赋文，晚上学书，间或着学诗，勤奋到没时间睡觉休息，以致口舌生疮，手肘磨出了老茧。

有趣的是，白居易还记录下他曾做过的模拟题，收录在《白氏长庆集》中。比如有一道题的题目为："得景娶妻三年无子，舅姑将出之，诉云：归无所从。"意思是，得景娶了妻子，三年没有生孩子，公婆就要将儿媳妇休了，妻子说她现在已经无家可归了。遇到这种情况，怎么判案呢？

唐朝对婚姻的规定有"七出"和"三不出"。"无子"符合七出的条件，但是无家可归又符合"三不出"这种例外情况，所以，这家不可以将妻子休掉。我们看白居易是怎么回答的呢？

"承家不嗣，礼许仳离。去室无归，义难弃背。景将崇继代，是用娶妻。百两有行，既启飞凤之兆，三年无子，遂操《别鹄》之音。将去舅姑，终鲜亲族。虽配无生育，诚合比于断弦；而归靡适从，庶可同于束蕴。固难效于牧子，宜自哀于邓攸。无抑有辞，请从不去。"

白居易的回答引经据典，条理清晰，文辞优美，援引典故来劝告公婆和丈夫要善良大度，接受无子的事实。白居易高中后，他所作的这些模拟题被"新进士竞相传于京师矣"。也许当时的考生见面打招呼的方式是："你做了白乐天的模拟题了吗？"

唐朝科举实行"行卷"制度，写诗可得"附加分"

要想在唐朝科举考试中脱颖而出，只要考试前打响自己的名气，就能在考试中拿一个很高的印象分。那么，如何才能打响名气呢？答案就是去拜谒有权有势的人，附送上自己的诗集，这也被称为"行卷"。需要注意的是，如果直接将自己的作品呈上去，可能会碰一鼻子灰。行卷要遵循请见、谢见、温卷、叙谢四个步骤进行。

所谓"请见"，是指给自己要拜谒的对象投递一封请见信。宋代王辟之在《渑水燕谈录》中记载："国初袭唐末士风，举子见先达，先通笺刺，谓之请见。""笺刺"相当于介绍自己的书信，得让对方知道你是谁，要遵从对方的意思，看看对方愿不愿意见你。

要想找到一个欣赏自己的人，也并不是那么容易的。《文献通考》中记载：

天下之士，什什伍伍，戴破帽，骑蹇驴，未到门百步，辄下马奉币刺，再拜以谒于典客者，投其所为之文，名之曰"求知己"。如是而不问，则再如前所为者，名之曰"温卷"。如是而又不问，则有执贽于马前，自赞曰"某人上谒"者。

据说，陈子昂起初就"无人欣赏"。冯梦龙在《智囊全集》中记载，陈子昂在东市买了一张价值百万的胡琴，他让大家去欣赏自己的演奏。等到大家都去了，他说："蜀人陈子昂，有文百轴，驰走京毂，碌碌尘土，不为人所知！此乐贱工之役，岂宜留心！"意思是，陈子昂有那么好的诗卷你不去关心，反而关心我这乐贱工，于是他当众把这把名贵的琴给砸了，再献出自己的诗卷，以至于"一日之内，声华溢都"。舍不得那百万买琴钱，陈子昂也得不到这么大的名声。经过这番炒作，陈子昂也算是变相"行卷"成功了。

"既与之见，他日再投启事，谓之谢见。"如果得到对方同意见面后，过了不久要再投启事，这就叫作谢见。对方在百忙之中，能抽出时间看你的诗集，的确得感谢一下。至于如何感谢，罗隐的《投郑尚书启》可做参考。他不仅指出郑尚书辛苦阅读他的文章，"尚书俯怜羁旅，遽赐沾濡"，还极力称赞尚书的品行，"尚书蕴稷契皋夔之事业，负卿轲迁固之文章。入则藻镜冰壶，品量人物"。在尚书的提携下，他得以施展自己的抱负，百感交集，"十五年之勤苦，永有所归。发自门阑，百生知感。"

接下来就到了"温卷"的环节，目的是怕对方忘了看，得不到回音，再将自己的文章递上去让对方看，也能探探对方对自己文章的印象。

最后是"叙谢"。叙谢就是向对方表示感谢，一般是获得对方的推荐后，出于表达感谢所要做的。

据《唐语林》中记载，白居易就曾因行卷获得较高的名气："白居易应举，初至京，以诗谒著作顾况。况睹姓名，熟视白公曰：'米价方贵，居亦弗易。'及披卷，首篇曰：'咸阳（离离）原上草，一岁一枯荣。野火烧不尽，春风吹又生。'却嗟赏曰：'道得个语，居即易矣。'因为之延誉，声名大振。"意思是，白居易向顾况行卷，顾况调笑他的名字，说在长安居住不容易啊！但是等看到他的诗作后又十分欣赏，觉得白居易是个有才华的人，有此等才华，居住在长安又很容易了。正是因为顾况的推举，白居易才声名大噪。

朱庆馀行卷的对象是张籍，他想打探一下自己的诗作在张籍看来如何，于是写了一首《近试上张水部》："洞房昨夜停红烛，待晓堂前拜舅姑。妆罢低声问夫婿，画眉深浅入时无。"他将自己比作新娘，询问张籍这位"新郎"，自己的表现如何。张籍回了一首《酬朱庆馀》："越女新妆出镜心，自知明艳更沉吟。齐纨未足时人贵，一曲菱歌敌万金。"聪明人之间的对话果然不同凡响，想必朱庆馀看到这首诗后就会彻底放心了，因为张籍对他的夸赞溢于言表。果然，在唐敬宗宝历二年（826 年），朱庆馀中举了。

当然只靠行卷还不行，打铁还需自身硬，只有具备真才实学，才能够真正在科举考试中拔得头筹。

落榜不可怕，就怕落榜要造反

考试向来是几家欢喜几家愁。上榜者春风得意，落第者难免伤心失意。《唐摭言》中记载："高涣者，锴之子也，久举不第。或谑之曰：'一百二十个蜣螂，推一个屎块不上。'"这其实就是在说高涣总也考不上，真是烂泥扶不上墙。高锴担任科举的主考官，被认为是公正廉洁的，《旧唐书》中评价："然锴选擢虽多，颇得实才，抑豪华，擢孤进，至今称之。"而他的儿子高涣却是个科举绝缘体。

如果高涣是因为才疏学浅而考不中，那刘蕡就是因为太有真才实学了而没考上。刘蕡在参加太和二年（828年）的贤良方正与直言极谏科考试时，写了一篇言辞激烈的文章，直斥朝廷的弊政。他直斥宦官专权，让"海内困穷，处处流散，饥者不得食，寒者不得衣，鳏寡孤独者不得存，老幼疾病者不得养"。然后他又深挖问题的根本是因为朝廷法度和任用官员都存在一定的问题。最后，他还指出如果这种恶劣的趋势再发展下去，"宫闱将变，社稷将危，天下将倾，海内将乱"。

这篇振聋发聩的文章引得朝堂震动，《新唐书》中记载："士人读其辞，至感慨流涕者。是时，考策官冯宿、贾𫗧、庞严见蕡对嗟伏，以为过古晁、董，而畏中官眦睚，不敢取。"士人读得颇受感动与震撼，考官们也将刘蕡比作晁错和董仲舒一般的人物。但是他们畏惧宦官的权势，不敢让刘蕡高中。河南府参军事李郃说："刘蕡落榜了而我被留下，我脸皮多么厚啊！"他向皇帝进言罢黜自己，留下刘蕡，但是没有得到回应。

刘蕡的策论无疑得罪了宦官集团，据《玉泉子》中记载，宦官王守澄怒骂刘蕡"何其狂妄乃尔"。宦官仇士良更是去质问当年进士科考试录取刘蕡的杨嗣复："奈何以国家科第，放此风汉耶？"意思是，你当初为什么要录取这个疯子。杨嗣复非常恐惧，不敢得罪仇士良，只好回答："嗣复昔与蕡及第时，犹未风耳。"我当初录取他的时候，他还没有疯。

碍于这些宦官的淫威，刘蕡落第了。

唐朝历史上还有一个人，将所有考生都弄落第了。这个人就是唐玄宗朝的权相李林甫。《资治通鉴》中记载，唐玄宗"欲广求天下之士，命通一艺以上皆诣京师"，李林甫担心草野之士对策斥言他的奸恶，便向唐玄宗建言："举人多卑贱愚聩，恐有俚言污浊圣听。"然后让郡县长官精加试练，选灼然超绝者。在御史中丞的监督下，由尚书省覆试，最后再将名实相副者推荐给皇帝。戏剧性的是，"既而至者皆试以诗、赋、论，遂无一人及第者"，竟然一个人都没考上。面对如此离谱的事，李林甫给了一个说辞——"野无遗贤"。而杜甫就是这场考试落榜的倒霉蛋。

面对不公平的待遇，许多人可能都像杜甫一样有苦难言。《历代神仙通鉴》中记载，钟馗在"唐武德年间，赴京城应试，却因相貌丑陋而落选，愤而撞死殿阶"。

落第有时还会遭到嘲笑。后蜀何光远所撰《鉴诫录》中记载，罗隐落地后见到当初钟陵筵上同席的妓女云英，云英嘲笑他："罗秀才犹未脱白矣。"意思是，你还没脱掉你那一身白衣吗？罗隐深以为耻，反唇相讥，作了一首诗："钟陵醉别十余春，重见云英掌上身。我未成名君未嫁，可能俱是不如人。"所以，挪揄谁也别挪揄有文化的人。

但是有的人，就忍不了落榜这口恶气。比如黄巢，堪称脾气最大的考生。他屡试不第，作了一首《不第后赋菊》，此诗尽显杀气：

> 待到秋来九月八，我花开后百花杀。
>
> 冲天香阵透长安，满城尽带黄金甲。

后来，黄巢积极响应王仙芝起义，加入造反大军。但他的手段极其残忍，杀害无辜的百姓。《旧唐书》中记载："贼俘人而食，日杀数千。贼有舂磨砦，为巨碓数百，生纳人于臼碎之，合骨而食。"

相比黄巢，温庭筠应对落榜的手段就温和得多。据《旧唐书》中记载：

初至京师，人士翕然推重。然士行尘杂，不修边幅，能逐弦吹之音，为侧艳之词。公卿家无赖子弟裴诚、令狐缟之徒，相与蒲饮，酣醉终日，由是累年不第。

也就是说，温庭筠整天和一些社会闲散人员或是官二代混在一起饮酒作乐，赌博嬉戏，不务正业，所以考不中。由于考不中，他干脆做了枪手。据《唐才子传》中记载：

> 每试押官韵，烛下未尝起草，但笼袖凭几，每一韵一吟而已，场中曰"温八吟"。又谓八叉手成八韵，名"温八叉"，多为邻铺假手。

大中九年（855年），温庭筠再次参加科考。主考官沈询知道他"思神速，多为人作文"，要求对他严格看管，这让温庭筠很不满意。《新唐书》中记载，他"上书千余言，然私占授者已八人"。没想到他洋洋洒洒写了那么多字，还偷偷帮八个人替考，当然这种行为严重扰乱了科考秩序和考试公平，"执政鄙其为，授方山尉"，他也受到了严惩。

花鸟画　唐　边鸾

有一种说法是，温庭筠得罪了唐宣宗才被授予方山尉这么一个小官。《唐才子传》中记载，唐宣宗微服私访时，在旅馆偶遇温庭筠。温庭筠桀骜不驯，以貌取人，猜唐宣宗是司马、长史之类的小官，唐宣宗说不是，温庭筠又猜是六参、薄、尉这类的小官。唐宣宗不愿再听温庭筠乱猜，就直接亮明了身份，还将温庭筠贬了官。关于温庭筠被贬黜，也有得罪令狐绹或杨收的说法。总而言之，温庭筠口无遮拦，放纵不羁，游戏考场，也游戏了自己，一身才华，却终生潦倒，令人惋惜。

贺知章：当了大半辈子公务员，终于退休了

少小离家老大回，乡音无改鬓毛衰。

儿童相见不相识，笑问客从何处来。

这首诗是贺知章的《回乡偶书》。贺知章年少的时候离开家乡，一直到年老致仕才回到家乡。村里和他岁数相当的人已经很少了，只有一群儿童不认识他，笑着问他到底从何而来。

对于年老退休的官员，唐朝《选举令》中规定："诸职事官，年七十以上，听致仕。五品以上上表，六品以下申省奏闻。"只要到了七十岁，五品以上的大员就可以和皇帝奏请退休，六品以下的官员由尚书省直接审批就可以了。唐朝还规定，"凡五品以上致仕者为国老，六品以下致仕者为庶老"，无论是国老还是庶老，都能得到政府的优待。

但是有些官员的奏请，不会得到皇帝的批准。比如唐高宗朝官员张行成想退休，但是唐高宗说："公，我之故旧腹心，奈何舍我而去？"无奈之下，张行成只好放弃退休继续工作，结果老迈的身体实在扛不住，不久便去世了。

官员们退休后，政府会给他们颁发经济补贴。《通典》中记载："诸职事官年七十、五品以上致仕者，各给半禄。"退休金是平时俸禄的一半。六品以下的官员就比较悲催了，《唐会要》中记载："天宝九载三月二十三日敕。如闻六品以下致仕官，四载之后，准各并停。念其衰老，必藉安存，岂限其高卑，而恩有差降。应六品以下致仕官，并终其余年，仍永为式。"意思是，天宝九载（750年）以前，六品以下的人只能领四年半禄。天宝九载以后，六品以下官员按规定可以永久地享受半禄的退休金。然而好景不长，到了唐文宗太和元年（827年），事情又发生

了变化，"请致仕官，近日不限品秩高卑，一例致仕。酌法循旧，颇越典章。自今以后，常参官五品、外官四品者，然后许致仕，余停"。也就是说，太和元年以后，六品以下官员的退休金被取消了，只能享受和普通人一样的养老待遇。

不过，如果官员功勋卓著，也会被朝廷记着，给予特殊的奖励。比如《旧唐书》中记载了太和元年（827年）四月，"以太子少傅杨于陵守右仆射致仕，俸料全给"。开元年间的官员王丘比较清廉，不收受贿赂，过得比较清贫，住宿条件很差。唐玄宗特别表示"其俸禄一事已上，并宜全给，式表殊常之泽，用旌贞白之吏"。意思是，王丘的俸禄应当全给，以此来表示殊常的待遇，用来表彰廉洁之吏。

除了金钱上的优待，朝廷还会给退休官员其他方面的奖励。比如加封官职，李玄道退休时，唐太宗就恩赐他"加银青光禄大夫，以禄归第"。又如，赐给公乘，《唐会要》中记载，贞元九年（793年），唐德宗"以太子右庶子、史馆修撰孔述睿为太子宾客，赐紫金鱼袋，致仕"。这时的孔述睿还不到七十岁，但是生病了，唐德宗赐给他"帛五十疋，衣一袭"，那时候致仕还乡，不给公乘，但是对于孔述睿"德宗优宠儒者，特命给而遣之"。

所以即便是退休，能在官场上有一定声名的，依然能受到皇帝的优待。贺知章一生操劳，即便遇到"儿童相见不相识，笑问客从何处来"的窘境，在与他之前风光的际遇对比，仍然是值得称道的一生。

人民的名义在唐朝：御史就是纪检委

在封建社会，一些位高权重的人翻手为云、覆手为雨，藐视律法。《旧唐书》中记载："居要位者尤纳贿赂，遂成风俗，不暇更方远害，且与贞元时相背矣。"唐朝不乏官员贪腐、收受贿赂等乱象。与此同时，大唐也时刻上演着一幕幕监察官员为民请命、反抗贪腐、对抗权贵的场景。

唐朝具体进行纪检工作的是御史台中的监察御史、殿中侍御史和侍御史。他们品级不高，多是刚进入仕途不久的年轻人，内在刚猛，没有官僚习气。其中，权限最大的要数监察御史，虽然只是八品，但只对皇帝负责，拥有越级弹劾的权力。在一段时间内，这些年轻人对不法行为多处以雷厉手段，根据《旧唐书》中的描述："御史出都，若不动摇山岳，震慑州县，诚旷职耳。"御史出巡代表朝廷的权威，若不能发现当地存在的问题，不能给官场恶习一记重拳，便是失职渎职。

唐高宗时期，有一个监察御史叫韦思谦，是一个刚正不阿的纪检委员。有一次，韦思谦在出巡中，发现了中书令褚遂良的一桩贪腐案。原来褚遂良利用职位之便，低价购买了中书省官员的一块地。韦思谦马上上书弹劾，褚遂良被降职为同州刺史。后来，褚遂良官复原职，使了一些手段，将韦思谦贬为甘肃清水县县令。然而韦思谦仍不愿变得圆滑一点儿，还以"人民的名义"继续坚持自己的作风，他慷慨激昂地宣称："大丈夫当正色之地，必明目张胆以报国恩，终不能为碌碌之臣保妻子耳。"可惜，现在很多人都忘记了"明目张胆"的本来意义了。

韦思谦一生耿直，做官尽职尽责。唐高宗十分看重他，升任他为尚书左丞。到了武则天临朝，直接被提拔为丞相。韦思谦教子有方，两个儿子韦承庆、韦嗣立，都先后为相，这"一门三相"的家族荣耀，在中国历史上是尤其难得的。事实上，御史虽然在一定程度上是吃力不讨好的"风霜之职"，但也是通向更好仕途的必经一站。

唐朝御史台的监察官员，任期结束之后，往往可以直接进入尚书省担任郎官。尚书省的郎官继续发展，不仅可以担任州郡刺史，还有机会担任宰相。难怪中唐笔记《封氏闻见记》中将监察御史、殿中侍御史列为"八俊"中的两种。"八俊"指的是八种轻贵之官，此八种官"尤为俊捷，直登宰相，不要历余官也"。据《新唐书》中记载，御史台长官直接或间接升至宰相的，唐朝前期有二十人，后期有十九人。其中，就有为人所熟知的大诗人元稹。

元稹在成为宰相之前，做过由中央委派的"纪检委"。元和四年（809年），监察御史元稹被调往剑南东川，调查泸州小吏任敬仲的贪腐案。结果发现贪腐

朋党之争图

唐代党争既有传统士族与庶族斗争的一面，又混杂了大官僚地主阶级之间的斗争。争斗中两派又援引宦官作靠山，得势后便大力排挤政敌，从而演变成为掌权而进行的互相倾轧，结果进一步加深了统治危机。

案牵连甚广，不仅涉及当时的泸州刺史刘文翼，背后更有一条大鱼——前剑南东川节度使严砺。元稹发现，土皇帝严砺"违制擅征赋税，又籍没涂山甫等吏民八十八户、田宅一百一十一亩、奴婢二十七人、草一千五百束、钱七千贯"，导致民不聊生。元稹不惧严砺朋党的嫉恨，据实弹劾，由于严砺当时已经去世，就依法责罚了其治下的七州刺史。元稹的好友白居易专门写诗称赞他："元稹为御史，以直立其身。其心如肺石，动必达穷民。东川八十家，冤愤一言伸。"可见，元稹确实以"人民的名义"践行了使命。至于元稹后来被唐穆宗重用，官拜宰相，也不过是其以"直道事君""心惟体国，义乃忘身"的公正待遇罢了。

　　有监察之责的御史必定要选那些正直、清廉、公正、谨慎、勤敏的官员，而这些显然也是出将入相者所应拥有的品质。说起来容易，做起来难！贞观年间，任左卫将军的功臣丘行恭因"与兄争葬母"被御史弹劾，受到"除名"处分，唐太宗念及他对朝廷有功，很快就将他官复原职。据《新唐书》中记载，丘行恭性情严酷，僚属都对他很忌惮。想必弹劾他的御史此时也有不小的精神压力吧。然而，即便如此，御史们就像打不死的小强，只要有不轨之行，就会据实奏报弹劾。以至于丘行恭"多次坐免"，而唐太宗则多次为他复职。按说油滑一点儿的御史，早就不再"较真"了。可那些优秀的御史，坚定不移地忠于职守，关心民瘼，无畏强权，毅然决然地挺身而出，实在是可钦可敬。

第八章

初笄梦桃李，新妆应摽梅：
乘风破浪的唐朝女子

皇帝宝座的觊觎者：武则天升职记

武则天的出身并不显赫，他的父亲武士彟本是一名商人，因为帮助过李渊，所以在唐朝建立后不仅做了官，还一路加官晋爵，官至工部尚书，封应国公。对此，唐高祖李渊曾直言不讳地说："以能罢系刘弘基等，其意可录；且尝礼我，故酬汝以官。"相对于父亲武士彟，武则天的母亲杨氏的出身就显贵得多。杨氏是隋朝遂宁公杨达的女儿，出身关陇望族。武士彟的原配夫人去世后，年逾四十岁的杨氏嫁给了他，之后相继生了三个女儿，武则天为次女。

原本幸福的家庭突遭变故，在武则天十多岁时，父亲武士彟突然病逝了，他们母女则受到兄长们的苛待。据《旧唐书》中记载："士彟卒后，兄子惟良、怀运及元爽等遇杨氏失礼。"失去父亲庇佑的武则天母女只好离开那个家，搬去了长安。

不久，事情就有了转机。据《资治通鉴》中记载："十一月，辛卯，上幸怀州；丙午，还洛阳宫。故荆州都督武士彟女，年十四，上闻其美，召入后宫，为才人。"年仅十四岁的武则天被唐太宗看中选入宫廷，她的母亲自然不舍，哭哭啼啼，因为一入宫门深似海，女儿的一辈子极有可能就葬送了。而武则天却表现出惊人的举动："后独自如，曰：'见天子庸知非福，何儿女悲乎？'"意思是，武则天镇定自若，并说见到天子万一是福气呢，为什么要哭哭啼啼呢？此时的武则天要么就是在坚强地安慰自己的母亲，要么就是已经展现出野心与抱负。也许，此时她的野心是当个宠妃吧。

后宫佳丽三千，武则天年龄比较小，品阶又低，唐太宗哪里能注意到她呢？于是，武则天就想尽办法展现自己。据《旧唐书》中记载，唐太宗有一匹名贵的马，叫作狮子骢，"肥逸无能调驭者"。于是，武则天毛遂自荐道："妾能制之，然需三物：一铁鞭，二铁檛，三匕首。铁鞭击之

武后步辇图（局部）唐　张萱

不服，则以檛挝其首，又不服，则以匕首断其喉。"意思是，我能制服它，但需要三样东西：铁鞭、铁锤、匕首。用铁鞭打它，如果它不服就用铁檛打他，如果还不服，就用匕首杀了它。唐太宗对武则天的说法表示很欣赏，但是并未宠爱她。武则天做了十二年的才人，地位始终没有得到提高。

武则天的命运真正迎来转机是在唐高宗继位后，据《旧唐书》中记载："及太宗崩，遂为尼，居感业寺。大帝于寺见之，复召入宫，拜昭仪。"原来，在唐太宗病重期间，武则天和唐高宗李治早已暗中属意。据《资治通鉴》中记载："上之为太子也，入侍太宗，见才人武氏而悦之。太宗崩，武氏随众感业寺为尼。忌日，上诣寺行香，见之，武氏泣，上亦泣。"唐太宗驾崩后，武则天和其他妃嫔一样入感业寺为尼，李治到感业寺行香再次见到楚楚动人的武则天，并打算将武则天带回宫中。

据说，王皇后也希望利用武则天来打压受宠的萧淑妃，可是没想到，她接

纳武则天就等于引狼入室。武则天入宫后,不仅打败了萧淑妃,还打败了王皇后。"时皇后王氏、良娣萧氏频与武昭仪争宠,互谗毁之,帝皆不纳。"

圣眷不衰的武则天此时一心想要扳倒王皇后和萧淑妃。永徽六年(655年),唐高宗下诏:"王皇后、萧淑妃谋行鸩毒,废为庶人,母及兄弟,并除名,流岭南。"三人经过残酷的宫廷斗争,最终因王皇后和萧淑妃的"罪行"为唐高宗所不容,两人都被废,武则天最终被封为皇后。

当然唐高宗并非如此绝情,他时不时还会想起王皇后和萧淑妃,并亲自到囚禁她们的别院去探望。据《资治通鉴》中记载,唐高宗看到囚禁她们的屋子封闭极密,只有一个用来递饭的小孔,黯然心伤,叹息说:"皇后、淑妃在哪儿啊?"王氏哭着说:"我们获罪降为宫里的奴婢,哪里还有尊称啊!"然后又对唐高宗说:"皇上如果念及昔日,让我们重见日月,祈求能够命名这个院子为回心院。"王氏向皇帝表达了想出去的愿望,唐高宗也答应了,说:"朕自会处置的。"

这件事被武则天知道后,她特别生气,深知对敌人仁慈就是对自己残忍。据《资治通鉴》中记载,武则天"遣人杖王氏及萧氏各一百,断去手足,捉酒瓮中,曰:'令二妪骨醉!'数日而死,又斩之",手段极其残忍。将要赴死的王氏一副从容的仪态,而萧氏大骂:"阿武妖猾,乃至于此!愿他生我为猫,阿武为鼠,生生扼其喉。"此后,武则天晚上经常做噩梦,梦中一只黑猫瞪着自己,惊醒之后,惶恐不安。她见到猫便心生恐惧,于是下旨宫中不许养猫。

与《资治通鉴》说法不同的是,《旧唐书》中记载,"武昭仪令人皆缢杀之"。无论出于何种手法,总之,武则天清理了后宫中的敌人,宫中再也没有人可以和她抗衡。

然而好景不长,武则天的姐姐韩国夫人和外甥女贺兰氏在之后插了一脚进来,据《新唐书》中记载:"韩国出入禁中,一女国姝,帝皆宠之。"面对这样的威胁,武则天当然不能容忍。

唐高宗麟德二年（665年），"韩国卒"，年仅四十三岁。人们怀疑韩国夫人的死与武则天有关。韩国夫人的女儿魏国夫人贺兰氏也和其母亲一样，被武则天杀害。据《新唐书》中记载："后内忌甚，会封泰山，惟良、怀运以岳牧来集，从还京师，后毒杀魏国，归罪惟良等，尽杀之，氏曰'蝮'。"意思是，韩国夫人是武则天毒死的，她使用了一个一石二鸟的计策，毒死魏国夫人，嫁祸给曾经欺负过他们母女的惟良、怀运等。

武则天强硬的政治手腕让唐高宗感到不寒而栗。据《资治通鉴》中记载，武则天"及得志，专作威福，上欲有所为，动为后所制，上不胜其忿"。唐高宗曾有过废后的念头，他便与上官仪商量。武则天听到这个消息后，赶忙跑去向唐高宗哭诉。唐高宗是一个比较懦弱、心软的人，当初他能对王皇后和萧淑妃心软，现在也对武则天心软了。他说："我初无此心，皆上官仪教我。"这一说，帝后关系和谐了，但上官仪全家都遭了殃。武则天还趁机让许敬宗状告上官仪、王伏胜与废太子李忠谋反，他们三人都被杀害，朝臣再次见识了武则天的雷霆手段。

据《旧唐书》中记载："帝自显庆已后，多苦风疾，百司表奏，皆委天后详决。自此内辅国政数十年，威势与帝无异，当时称为'二圣'。"随着唐高宗身体疾病的加重，武则天对朝政全面把控，和皇帝没有什么分别。

唐高宗驾崩后，中宗李显继位，后被武则天废掉，立睿宗李旦继位。据《旧唐书》中记载："二月戊午，废皇帝为庐陵王，幽于别所，仍改赐名哲。己未，立豫王轮为皇帝，令居于别殿。大赦天下，改元文明。皇太后仍临朝称制。"而临朝称制已经满足不了武则天了，任何人都不能从她的手中分走权力。据《资治通鉴》中记载，载初元年（690年）九月，"侍御史汲人傅游艺帅关中百姓九百余人诣阙上表，请改国号曰周，赐皇帝姓武氏，太后不许；擢游艺为给事中。于是百官及帝室宗戚、远近百姓、四夷酋长、沙门、道士合六万余人，俱上表如游艺所请，皇帝亦上表自请赐姓武氏"。不光百姓、官员、四夷首领、沙门、道士请求武则天做皇帝，改国号为周，就连唐睿宗李旦也这样请求。在这场盛大的政治作秀后，武则天"勉为其难"地同意了。她在九月初九登上则天门楼，改唐为周，改元天授，成为一代女皇。

纵观武则天的一生，步步为营，从失怙的孤女到君临天下的女皇，其胸襟抱负不可谓不广大，政治手腕不可谓不毒辣。能从男权社会脱颖而出，并成为最高统治者，武则天的存在带给大唐的远不止出了一个女皇帝那么简单。

大唐第一女秘书上官婉儿：素手称量天下士

在唐人武平一所写的《景龙文馆记》中记载了这样的一个故事：一位怀有身孕的母亲梦见神仙给了她一个大秤，"以此可称量天下"。这位母亲就以为自己肚子里的肯定是个男孩，长大后可以出将入相，为官做宰。等到孩子出生后，却是个女儿。这位母亲说："尔非秤量天下乎？"孩子哑应之曰："是。"这个襁褓中的孩子便是"巾帼宰相"——唐朝才女上官婉儿。

此后，上官婉儿果然担起"称量天下"的美名。据《资治通鉴》中记载："每游幸禁苑，或宗戚宴集，学士无不毕从，赋诗属和，使上官昭容第其甲乙，优者赐金帛。"上官婉儿还曾品评宋之问和沈佺期所作之词的高下。计有功在《唐诗纪事》中记载，唐中宗游幸昆明池，群臣赋诗，只有沈、宋二诗难分高低。上官婉儿品评说："二诗工力悉敌。沈诗落句云：'微臣雕朽质，羞睹豫章材'，盖词气已竭。宋诗云：'不愁明月尽，自有夜珠来'，犹陟健骞举。"沈佺期听了上官婉儿的话后才折服，不再争辩。

如此才思敏捷的女子，在襁褓中其实就遭遇了横

彩绘文吏俑　唐

祸。她的祖父上官仪被杀，而她也被没入掖庭，成为最卑贱的宫女。根据上官婉儿墓志铭的记载，她在十三岁就做了才人，时间乃是唐高宗在位的后期。专家推测，可能是武则天为了让上官婉儿为己所用特意将她从宫女中提拔为才人的。

在武则天执政时期，上官婉儿一直承担着秘书的工作。神龙政变，中宗继位，上官婉儿成为中宗的昭容。据《景龙文馆记》中记载，上官婉儿"自通天后，逮景龙前，恒掌宸翰。其军国谋猷，杀生大柄，多其所决。至若幽求英隽，郁兴词藻，国有好文之士，朝希不学之臣。二十年间，野无遗逸，此其力也。"

当时韦后和女儿安乐公主一心想效仿武则天，欲立安乐公主为"皇太女"，这严重威胁到了太子李重俊。据《旧唐书》中记载，"时武三思得幸中宫，深忌重俊。三思子崇训尚安乐公主，常教公主凌忽重俊，以其非韦氏所生，常呼之为奴。或劝公主请废重俊为王，自立为皇太女，重俊不胜忿恨。"李重俊发动政变时，主要是针对武三思和韦后安乐公主，"又以昭容上官氏素与三思奸通，扣阁索之"。上官婉儿只不过是与武三思有私情，才被拘拿。但是在《旧唐书》中，上官婉儿却成为李重俊攻击的主要对象，因为她"尊武抑李"，威胁到了自己的储君地位。结合李隆基对上官婉儿进行过毁墓等打击，可以推测出，其内容极有可能是在李隆基的授意下进行捏造与修改的。

之前，上官婉儿和韦皇后、武三思过从甚密，她的表弟王昱看出不妥，对婉儿的母亲郑氏说："主上往在房州，则武氏得志矣。今有天命，以能兴天之所兴，不可二也。武三思有异志，天下知之，必不能成。昭容为上所信，而附会三思，诚破家之征，愿姨思之。"意思是，自己这位表姐现在的所作所为终将会让整个家族面临杀身之祸。

郑母深以为然，但是上官婉儿却不信。等到太子李重俊造反，杀了武三思父子，差点儿威胁自己的生命后，上官婉儿才想起王昱的一番话。所以，她暗地联络自己的盟友——太平公主。太平公主联合李隆基发动唐隆政变，诛杀了韦后和安乐公主。上官婉儿是如何表现的呢？据《资治通鉴》中记载："及隆基入宫，昭容执烛帅宫人迎之，以制草示刘幽求。幽求为之言，隆基不许，斩于旗下。"上官婉儿如此从容镇定地迎接李隆基，说明她认为自己是安全的，这也从侧面说明，她已经暗地里与太平公主结盟。但是李隆基还是把上官婉儿杀害了。上官婉儿的存在，对李隆基来说是极大的威胁，她与太平公主的联合，将成为李隆基强有力的对手。

唐隆政变后，太平公主和李隆基的盟友关系急速转化，水火不容。"太平公主与益州长史窦怀贞等结为朋党，欲以危太子。"在此基础上，太平公主通过上官婉儿事件对李隆基施压。通过美化上官婉儿的形象，提升上官婉儿的地位等手段，来证明李隆基对上官婉儿的杀害是错误的。比如对韦后弄权，欲立爱女为储，墓志记载上官婉儿的态度是"泣血极谏，扣心竭诚，乞降纶言，将除蔓草。先帝自存宽厚，为掩瑕疵；昭容觉事不行，计无所出。上之，请摘伏而理，言且莫从；中之，请辞位而退，制未之许；次之，请落发而出，卒为挫衄；下之，请饮鸩而死，几至颠坠。先帝惜其才用，慜以坚贞，广求入膝之医，才救悬丝之命。屡移晡魄，始就痊平。表请退为婕妤，再三方许。"上官婉儿非但没有与韦后一党密谋，反而极力劝诫，又是削发，又是请求辞位，最后还饮了毒酒以死相劝，幸亏救治及时，不然小命难保。

人们对上官婉儿的品行亦多加歌颂。"天降时雨，山川出云。乃生灵媛，祚我圣君。精微其道，焕炳其文。三光错行，昭容纲纪。百揆繁会，昭容条理。外图邦政，内谂天子。忧在进贤，思求多士。"而这样品行贤淑的女子无辜被杀害，"忠孝心感，天焉报之？吉凶有数，邱焉祷之？如彼九日，羿焉暴之？如彼三良，秦焉悼之？"当然，在政治目的的背后，我们也不容忽视太平公主与上官婉儿有着深厚的友谊。但政治原因应该是最主要的原因，正如历史学者仇鹿鸣先生所说："但从志文的书写及葬事的安排中，仍可看出太平公主与李隆基之间互相角力的痕迹。"

许多史书对上官婉儿多以淫乱的形象进行描绘。"婉儿既与武三思淫乱，每下制敕，多因事推尊武后而排抑皇家。""婉儿又通于吏部侍郎崔湜，引知政事。"但也有学者认为，这是胜利者对上官婉儿的污名化处理。无论是真是假，上官婉儿始终没有得到情感上的关怀。假使她与武三思和崔湜真有私情，那武三思和崔湜看重的只不过是上官婉儿的权势而已。处在深宫之中，她想要一份真挚的爱情是多么难。如此有才学的她本可以以才名流传后世，却被无端卷入宫廷纷争，终生难得自由。上官婉儿命运的背后，是封建社会血淋淋的政治斗争。

文成公主：和亲不是谈恋爱，和亲是工作

历史上有许多为邦交友好做出贡献的和亲女子。在唐朝，最有名的和亲女子当属文成公主。在大唐和吐蕃战事不断的情况下，唐太宗答应松赞干布将一个公主嫁给他。古时候，皇帝舍不得自己的亲生女儿，就会从宗室中选一个女子封为公主，文成公主就是一例。据《旧唐书》中记载："贞观十五年，太宗以文成公主妻之，令礼部尚书、江夏郡王道宗主婚，持节送公主于吐蕃。"

从长安到拉萨，要跨过草原，穿越雪山，路程遥远且艰难。据《西藏王统记》中记载："因念唐时遭受诸种留难，遂使公主上下人等，无人服侍，几近一月。公主

文成公主入藏壁画　吐蕃

从人皆出怨言，谓藏地号称俄鬼之乡，真实不虚，饮食服用亦将不继矣，公主闻之心中实难忍受。"对于久居长安的人们来说，西藏的条件实在是太恶劣、太艰苦了，大家都抱怨，公主听到大家的抱怨后心里更难受了。

但是文成公主没有选择，她既然走上了和亲的道路，就必须义无反顾地去。据《贤者喜宴》中记载："松赞干布登临欢庆的宝座，为文成公主加冕、封作王后。"到达藏区后的文成公主，非但没有怨言，还积极帮助吐蕃人民耕种，传授给他们一些种子的种植方法以及其他方面的技术。文成公主带去了大量书籍，涉及历法、医术、农业等方面，促进了吐蕃的发展与进步。文成公主入藏，为大唐和吐蕃的交往书写了辉煌的一笔。

文成公主入藏后，再也没有离开吐蕃，至死也没再能看家乡一眼。但是她为吐蕃与大唐的友好以及吐蕃的发展做出了杰出的贡献，赢得了吐蕃人民的尊敬。

其实还有很多女子为巩固大唐的统治被派去和亲，但是她们中有的人的命运就没有文成公主幸运了。比如与契丹和亲的静乐公主、与奚和亲的宜芳公主命运就十分悲惨。据《资治通鉴》中记载："三月，壬申，上以外孙独孤氏为静乐公主，嫁契丹王李怀节；甥杨氏为宜芳公主，嫁奚王李延宠……九月……安禄山欲以边功市宠，数侵掠奚、契丹；奚、契丹各杀公主以叛。"不到半年的时间里，静乐公主和宜芳公主就香消玉殒，令人惋惜。

也许和亲的公主侥幸性命无虞，但在异域生活也有种种阻碍。她们贵为千金之躯，却不得不接受和亲之地恶劣的气候和陈规陋习。唐德宗之女咸安公主和亲到回鹘，回鹘有"收继婚"的习俗，她先后嫁了天亲可汗、忠贞可汗、奉诚可汗、怀信可汗、滕里可汗，总共五位可汗。其中天亲可汗、忠贞可汗和奉诚可汗还是祖孙三代。于咸安公主而言，和亲是她的使命，自己哪敢追求什么寻常儿女的婚姻幸福。

同时，和亲的公主还面临着繁衍子嗣和巩固两国邦交的重要任务。她们如果没有子嗣，在异域就很难保住自己的地位；如果有子嗣，自己想要回到故乡，就要与孩子永远分离。不过多数和亲的公主都客死异乡，难以再回故土，带着对故乡的思念孤独地等待大限的来临。

从来没有人问过这些和亲公主的意愿，在王朝功劳簿上也少有她们的名字。但是缔造大唐盛世，维护大唐统治的功劳里，应该有她们的一笔，并且应该被世人知晓。

薛涛：让郎君怦然心动的手工信笺

薛涛绝对算得上是唐朝的传奇女子。她既是不幸的，也是幸运的。说她不幸，是因为她迫于生计，无奈做了歌妓；说她幸运，是因为她是有唐一代最负盛名的歌妓，她的才气得到了元稹、白居易、张籍、王建等一众文人雅士的认可。韦皋给薛涛起了个"女校书"的外号，形容她学识广博。从薛涛之后，才貌双全的歌妓才开始被称为"校书"。《全唐诗》中收录了薛涛的89首诗作，是收录女诗人作品最多的一位。《唐国史补》称赞薛涛："乐妓而工篇什者，成都薛涛……文之妖也。"

据说薛涛小时候就特别聪慧可爱，颇有才气。薛涛八岁时，父亲以"咏梧桐"为题吟诗："庭除一古桐，耸干入云中。"薛涛听后，旋即回应："枝迎南北鸟，叶送往来风。"薛涛的话一语成谶，预示了她将来委地成尘的命运。

据《唐语林》中记载，薛涛参加了一次由黎州刺史举办的宴会，大家行酒令，每人需用《千字文》中的句子，并且要带有禽鱼鸟兽。黎州刺史说道："有虞陶唐。"他把其中的"虞"误以为是"鱼"。大家都听出来刺史学识浅薄，但没有人敢站出来说话，薛涛便站起来回了一句"佐时阿衡"。刺史一听，就说薛涛的话中没有"鱼"啊。薛涛回答，我这句中的"衡"尚且有一条小鱼，你那句话中，一条鱼也没有。众人哄堂大笑。由此可见，薛涛才思敏捷、谈吐风趣。

薛涛与文人书信往来喜欢使用自己制作的"便笺"——薛涛笺。北宋苏易简《文房四谱》中记载："元和之初，薛涛尚斯色，而好制小诗，惜其幅大，不欲长，乃命匠人狭小为之。蜀中才子既以为便，后裁诸笺亦如是，特名曰薛涛焉。"相传，薛涛笺是用浣花潭水、芙蓉花的汁水、木芙蓉的皮制作而成的，明代宋应星在《天工开物》中说："四川薛涛笺，亦芙蓉皮为料煮糜，入芙蓉花末汁，或当时薛涛所指，遂留名至今。其美在色，不在质料也。"唐末韦庄《乞彩笺歌》中描写了薛涛制笺的事："浣花溪上如花客，绿阁红藏人不识。留得溪头瑟瑟波，泼成纸上猩猩色。"薛涛笺小小的一枚，制作精细，颜色为红色，很受文人的喜欢。

可以想象一下，在千余年前，一位风姿绰约、文采卓然的女子与一众文人雅士诗词唱和，竟然是通过一张小小的彩笺传递，这是多么风雅文艺的事情啊！

商贾女郎辈，不曾道生死：令人尊敬的唐朝"职场女性"

在白居易的《琵琶行》中，琵琶女嫁给"重利轻别离"的商人，剩下她孤单地生活。唐朝历史上，有不少商妇过得和她一样凄苦，有的人甚至比她还要艰难得多。王建《调笑令》中"船头江水茫茫，商人少妇断肠。肠断，肠断，鹧鸪夜飞失伴"，说的就是商妇独守空闺的寂寞和孤单。在史书中，一些才女尚且可以留名，一些商女、商妇早已被历史湮没。商妇需要面临的处境以及商女们艰难奋斗与谋生的故事，也同样值得被铭记。

在唐朝，商人的地位不高。据《旧唐书》中记载："工商杂色之流，假令术逾侪类，止可厚给财物，必不可超授官秩，与朝贤君子比肩而立，同坐而食。"商人不可以做官，就连和士大夫们比肩而立、同坐而食都是不被允许的。

三彩骑马俑　唐

经商的人要面对非常大的风险。特别是从事长途贩运的商人，会遇到风浪、盗贼等不利因素。刘驾《反贾客乐》中有"无言贾客乐，贾客多无墓。行舟触风浪，尽入鱼腹去"，讲述的就是经商者的危险处境。卢仝在《寄赠含曦上人》中更是道出女商人的不易："商贾女郎辈，不曾道生死。"

所谓富贵险中求，有人就愿意冒这个风险获取巨额财富。比如俞大娘，据《唐国史补》中记载，"大历、贞元间，有俞大娘航船最大，居者养生、送死、嫁娶悉在其间。开巷为圃，操驾之工数百，南至江西、北至淮南，岁一往来，其利甚溥，此则不啻载万也"。俞大娘俨然拥有一个庞大的商业系统，养生、送死、嫁娶都是在船上进行的。

一般女性没有这么大的野心和魄力，也没有这么大的财富资本，她们大多数经营着自己的小本生意。比如贾人妻，丈夫十年前去世，她靠经营酒肆维持生计，"朝肆暮家，日赢钱三百，则可支矣。"又如《太平广记》中的广州何二娘，"年约二十，与母同住，以织鞋子为业"，她靠卖织鞋艰难度日。

除了像贾人妻"朝肆暮家"的勤劳外，商女们想要致富，还要有经商的头脑。比如《唐国史补》中记载："玄宗幸蜀，至马嵬驿，命高力士缢贵妃于佛堂前梨树下，马嵬店媪收得锦靿一只，相传过客每一借觇，必须百钱，前后获利极多，媪因至富。"这位妇人利用杨贵妃的鞋子赚钱，可谓出奇制胜。

商女中不乏善良之辈。据《定命录》中记载，马周贫穷时住宿，"主人唯供设诸商贩人，而不顾周"。马周到了京城，一个开小店的寡居妇人却并不嫌弃他，还帮助他，"媪乃引致于中郎将常何之家"。后来，这个善良的妇人被马周娶为妻子。马周最终贵为宰相，这个妇人自然贵不可言。

有些商女的处境比较艰难，比如《太平广记》中的宋衍被一个卖粥的老婆婆所救，老婆婆经营的什么生意呢？"孤姥鬻茶之所，茅舍两间"，住着两间茅舍，可见这个老婆婆的生活条件也好不到哪里去。

无论经营好坏，商女们都在积极地谋生。无论世道多么艰难，命运多么不幸，她们都依靠自己的双手生活，这点应该值得被肯定。

第九章

从长情到长恨：
唐式恋爱的情与缘

太平公主与薛绍的情深缘浅：年少夫妻终不敌萧墙政治

太平公主是唐高宗李治与武则天的小女儿，一出生就备受恩宠。据《新唐书》中记载："太平公主，则天皇后所生，后爱之倾诸女。荣国夫人死，后丐主为道士，以幸冥福。仪凤中，吐蕃请主下嫁，后不欲弃之夷，乃真筑宫，如方士薰戒，以拒和亲事。"唐高宗仪凤四年（679年），吐蕃想要和大唐和亲，求娶太平公主。武则天怎么能舍得自己的宝贝女儿嫁到蛮夷之地呢？所以想了个办法，修建太平观让太平公主居住，以此拒绝吐蕃使者。

但是女大不中留，当太平公主委婉地提出想要嫁人的意愿时，唐高宗和武则天该选择谁做爱女的驸马呢？他们将目光落在了一位叫薛绍的年轻人身上。薛绍出生于河东薛氏，本属名门。他的母亲是唐太宗与长孙皇后的女儿城阳公主，也就是唐高宗李治的亲妹妹。父亲是卫尉卿薛怀昱之子薛瓘。

太平公主与薛绍的婚礼盛大而隆重，据《新唐书》中记载："假万年县为婚馆，门隘不能容翟车，有司毁垣以入，自兴安门设燎相属，道樾为枯。"为了让豪华的婚车通过，不得不拆除万年县馆的围墙。灯火通明，照明的火把甚至把路边的树木都烤焦了。

在七年的婚姻里，太平公主和薛绍生了四个孩子，分别是长子薛崇训、次子薛崇简，长女薛氏，次女万泉县主薛氏。由此可以推测，他们是比较恩爱的。

"大都好物不坚牢，彩云易散琉璃脆。"垂拱四年（688年），薛绍的哥哥薛顗参与唐宗室李冲的谋反，牵连到薛绍。次年，薛绍"杖一百，饿死于洛阳

带着指南回大唐

狱中"。

薛颙参与李冲谋反，反对武则天的统治，在情理之中。首先，薛颙的母亲是李唐的公主，对于维护李唐的江山社稷义不容辞。其次，当初太平公主要结婚时，武则天强迫他休妻，他很有可能怨念未消，怀恨在心。还有一个重要的原因是，武则天让自己的男宠冯小宝改换身份，据《旧唐书》中记载："又以怀义非士族，乃改姓薛，令与太平公主女婿薛绍合族，令绍以季父事之。"冯小宝改名为薛怀义，并且让他做驸马薛绍的季父。薛怀义男宠的尴尬身份，加上行事的恶劣、小人得志的嘴脸，种种加起来都让薛家认为是极大的羞辱。

至于薛绍有没有参与谋反，众说纷纭。据《旧唐书》中记载："绍，垂拱中被诬告与诸王连谋伏诛，则天私杀攸暨之妻以配主焉。"意思是，薛绍是被诬告的。而《新唐书》中记载："济州刺史薛颙与其弟绍谋应冲，率所部庸、调，治兵募士，冲败，下狱死。"意思是，薛绍也参与了谋反。《资治通鉴》中认为，薛家兄弟三人都参与了谋反："济州刺史薛颙、颙弟绪、绪弟驸马都尉绍，皆与琅邪王冲通谋。"而出土的《薛绍墓志》中记载："永昌初，会凶臣薛怀义、周兴等用事，仓卒遇害。"总之，没有武则天的授意，没人敢把驸马饿死在狱中。

对于母亲的雷霆手段，太平公主也无可奈何。领略到权力残酷的太平公主，之后积极投身到权力斗争中，可能她认为唯有权力才可以保护自己爱的人。

乐舞女群俑　唐

2019 年，薛绍的墓被考古专家发掘出来。其中，他的墓室是双室砖券墓，而薛绍最高的官阶是右武卫大将军，属于正三品，以他的等级是无法享用如此规格的墓葬的。根据墓志铭，薛绍墓是唐中宗"令所司以礼改葬"。神龙政变后，唐中宗为被杀的李唐宗室人物举行了超规格的葬仪，薛绍墓极有可能是太平公主向自己的哥哥唐中宗说情，才建造了超规格的墓室。可见，太平公主对薛绍仍然是念念不忘的。

深宫幽怨：流水红叶到人间

"无可奈何花落去，似曾相识燕归来。"流水落花的无奈，没有人比唐宫里的宫人更明白的了。宫人入宫后，绝大多数人面临着"红颜蹉跎"的未来。白居易在《上阳白发人》中揭露了上阳宫人红颜老去的悲惨情状：

上阳人，红颜暗老白发新。

绿衣监使守宫门，一闭上阳多少春。

玄宗末岁初选入，入时十六今六十。

同时采择百余人，零落年深残此身。

忆昔吞悲别亲族，扶入车中不教哭。

皆云入内便承恩，脸似芙蓉胸似玉。

未容君王得见面，已被杨妃遥侧目。

妒令潜配上阳宫，一生遂向空房宿。

宿空房，秋夜长，夜长无寐天不明。

耿耿残灯背壁影，萧萧暗雨打窗声。

春日迟，日迟独坐天难暮。

宫莺百啭愁厌闻，梁燕双栖老休妒。

莺归燕去长悄然，春往秋来不记年。

唯向深宫望明月，东西四五百回圆。

……

　　这个宫人十六岁被选入宫中，面对父母亲族的不舍，只能含着巨大的悲痛入宫。那时候她尚且怀着能承恩泽的希望，谁料杨贵妃善妒，将"六宫有美色者，辄置别所"，这个宫人被送到上阳宫。上阳宫远在洛阳，她终生未得见君王一面。只能独宿空房，看着昏暗的灯光将背影投射在墙上，听着潇潇夜雨拍打着窗户，她就这样独坐着挨过一个个漫长而幽深的长夜。这样的日子她过了有四十多年，到六十岁仍然摆脱不了这深宫的枷锁。身边的旧宫人相继凋零，只有她自己还守着一副残躯过活。

　　唐朝的宫女绝大多数都是没有品级的低级宫女，要想改变自己的命运很难，像上官婉儿那样能从宫婢爬到女宰相的人凤毛麟角。普通宫女的生活非常辛苦，也得不到应有的尊重。王建在《宫词一百首》中透露了宫人的生活，不光要"每夜停灯熨御衣"，白天也颇为辛苦，她们经常不间歇地劳作，衣服由内而外湿得通透，但观看的贵人却要人扶着下台阶。她们绝大多数从踏入宫门的那一刻起，就没再迈出过宫门一步，终身被拘禁在这深墙之内，死了就被葬在"宫人斜"这样的宫人墓地。

　　据陕西师范大学教授于赓哲老师的描述，现藏于陕西师范大学博物馆的唐朝宫女墓志铭显示，宫女的墓志铭多为批量生产，内容以"亡宫者，不知何许人也"开头，这些宫女没有留下姓名，泯然于历史的尘埃中。

　　当然，小部分宫女比较幸运，得以有出宫的机会。比如遇到新皇登基或者自然灾害，皇帝会下令释放宫女出宫。《唐语林》中记载了唐德宗时期一个宫女，因为长得国色天香，而被唐德宗看重，但她不贪恋富贵，于是唐德宗将她放出。尽管要求她"不得嫁进士朝官"，但她获得了寻常宫人难以得到的自由。

宫女在深宫中饱尝精神痛苦，一个个年轻的女子鲜活的青春遭到残酷的压抑，她们苦苦寻觅解脱的方法。

唐朝孟棨在《本事诗》中记载，一宫人题诗为："一入深宫里，年年不见春。聊题一片叶，寄与有情人。"顾况捡到后，和诗一首，写在叶上随波逐流，诗的内容是："花落深宫莺亦悲，上阳宫女断肠时。帝城不禁东流水，叶上题诗欲寄谁？"后来，这个宫人竟然捡到了顾况和诗的叶子，她又写了一首诗回应："一叶题诗出禁城，谁人酬和独含情？自嗟不及波中叶，荡漾乘春取次行。"

《云溪友议》中记载，唐玄宗时有一个宫女在落叶上题诗："旧宠悲秋扇，新恩寄早春。聊题一片叶，将寄接流人。"这片树叶随着御沟的水流到外边。顾况知道这事后和诗一首："愁见莺啼柳絮飞，上阳宫女断肠时。君恩不禁东流水，叶上题诗寄与谁？"这件事还被皇帝知道了，他动了恻隐之心，放出很多宫女。

据传，卢渥在进京应举时，在御沟边捡到红叶，并收藏起来。唐宣宗时释放了一批宫人。后来，卢渥在范阳上任时得到了一个宫人，宫人偶然间看到卢渥收藏的红叶感慨良久，原来这正是她在深宫时所写的诗，内容是："水流何太急，深宫尽日闲。殷勤谢红叶，好去到人间。"红叶题诗，祈求能获得美好的姻缘，这是宫女最好的结局了吧。

无独有偶，类似于红叶题诗的故事有很多，比如宋代孙光宪《北梦琐言》、宋代王铚《侍儿小名录》、宋代刘斧《青琐高议》都有类似的故事。种种巧合真的都发生在这么多宫女的身上吗？这些宫女真的都如故事中那般如愿以偿获得自由和幸福了吗？也许故事只是故事而已。相似的情节、雷同的诗句，共同诉说着深深的哀愁。

《本事诗》中记载了一个更有妙招的宫女，她利用为边军制作纩衣的便利条件，将情诗夹在衣服中，"沙场征戍客，寒苦若为眠。战袍经手作，知落阿谁边？蓄意多添线，含情更著绵。今生已过也，结取后生缘"，表达自己愿与对方缔结姻缘的希望。唐玄宗知道这件事后，成全了这个宫女和得到诗句的戍边战士。

没有这些浪漫的幻想，难道宫女真的就只能在宫中等死吗？有的宫女还真靠自己改变了命运。据《旧唐书》中记载，唐中宗执政的一次元宵，他给宫女发福利，让她们可以出宫去赏花灯。等第二天一点名，竟然少了三千多人。这些宫女逃脱了悲惨的宫廷生活，自主选择了一条自由之路。

晒妻狂魔王绩：颤抖吧，单身狗

爱有很多种表现形式，有的人含蓄内敛，有的人奔放豪迈。有的人是爱你在心口难开，有的人却是对爱不吐不快。唐朝才子王绩就属于后者。辛文房在《唐才子传》中称赞他："弹琴为诗著文，高情胜气，独步当时。"

这么好的文采用到爱情上，自然浪漫得一塌糊涂。王绩在诗中自称"野人""逸人""野客"，将妻子称为"野妻""野妇"。比如在《春庄走笔》一诗中戏谑自己的妻子"野妇调中馈"；在《春庄酒后》一诗中，他又将妻子的剪影刻画，"野妻临瓮倚"，如此小细节也可写入他的诗中。

在王绩的笔下，妻子是非常贤惠的。《初春》一诗中，王绩看到风景的变幻，想要出门去踏青，"遥呼灶前妾，却报机中妇"，他想要夫妻相携一起出去，呼喊妻子，此时妻子正在操持家务。王绩称赞妻子操持家务的能力，而且也不难看出他与妻子感情甚笃，形影不离。

王绩夫妇爱情的保质期似乎很长，即便到了晚年，仍然对妻子赞不绝口。《田家三

莲花葵花镜　唐

首》将王绩诗意的田园生活刻画得淋漓尽致：

> 阮籍生涯懒，嵇康意气疏。相逢一醉饱，独坐数行书。
>
> 小池聊养鹤，闲田且牧猪。草生元亮径，花暗子云居。
>
> 倚床看妇织，登垄课儿锄。回头寻仙事，并是一空虚。
>
> ……

王绩饮酒饮得陶醉，独自坐着看书。偶尔倚床看着妻子在织布，儿子在劳作。田园景色令人陶醉，悠悠的小池鹤儿翩飞，猪仔在闲田中摇头晃脑地玩耍。比田园景色更让人陶醉地是遥观妻儿的和乐与满足。这种快乐在《春晚园林》中也有体现，王绩人老心不老，"忽逢今旦乐，还遂少时心"，"卷书藏箧笥，移榻就园林"，他既可以闲适地徜徉在书海中，也可以畅意地游于山林。"老妻能劝酒，少子解弹琴"，没有什么比这种诗意烂漫的田园生活更幸福的了，更何况还有"落花随处下，春鸟自须吟"的美景相衬。

王绩的妻子一定是他的灵魂伴侣，不仅贤惠，还能与他恩爱，始终如一。王绩曾经写过一则征婚启事，即《山中叙志》：

> 物外知何事，山中无所有。
>
> 风鸣静夜琴，月照芳春酒。
>
> 直置百年内，谁论千载后。
>
> 张奉娉贤妻，老莱藉嘉偶。
>
> 孟光傥未嫁，梁鸿正须妇。

王绩表示自己现在居山中过着隐逸的生活，不是多么富贵，但却可以在风鸣中听琴，在月夜下喝酒，诗意有情调。希望找一个可以和他相携到老的伴侣，他想像张奉和老莱的妻子一样安贫可道，他这个梁鸿正需要孟光一样的贤妻。

如王绩所愿，他笔下的妻子的确像孟光一样贤惠，他果然找到了自己的理想型。于山野江湖中逍遥自在，是他们最浪漫的事。

长恨歌：唐玄宗与杨贵妃的爱情注脚

元和元年（806年），时任盩厔（今陕西省西安市周至县）县尉的白居易与友人陈鸿、王质夫闲来无事，到马嵬驿附近的仙游寺游览。来到马嵬坡，很难不让人想起唐玄宗和杨贵妃的情事，想到马嵬坡哗变，杨贵妃香消玉殒于此间。他们认为，天宝年间的旧事如果不记录下来，就会被历史的车轮碾压，消失于滚滚烟尘中。就这样，陈鸿写下了一篇传奇小说《长恨歌传》，白居易写下了令人耳熟能详的长诗《长恨歌》。

比起陈鸿《长恨歌传》的"有一说一"，白居易却将李杨爱情推向唯美浪漫的境界。比如他抹去杨贵妃曾经是唐玄宗儿子寿王的妃子的事实，而代之以"杨家有女初长成，养在深闺人未识。天生丽质难自弃，一朝选在君王侧"。他将唐玄宗为了自保勒令贵妃自缢的事实改写成了"君王掩面救不得，回看血泪相和流"。最后更是将唐玄宗思念杨贵妃的感情一再升华，梧桐叶落、潇潇秋雨，唐玄宗思念杨贵妃，黯然神伤。好在有临邛道士帮助他上穷碧落下黄泉地找寻杨贵妃的魂魄，化身为太真仙子的杨贵妃才能与唐玄宗再见上一面，诉说那"在天愿作比翼鸟，在地愿为连理枝"的誓言。

杨贵妃的确是受宠的，据《旧唐书》中记载，杨贵妃入宫后"礼数实同皇后"，杨贵妃的亲属都被唐玄宗一通封赏：

有姊三人，皆有才貌，玄宗并封国夫人之号：长曰大姨，封韩国；三姨，封虢国；八姨，封秦国。并承恩泽，出入宫掖，势倾天下。妃父玄琰，累赠太尉、齐国公；母封凉国夫人；叔玄珪，光禄卿。再从兄铦，鸿胪卿。锜，侍御史，尚武惠妃女太华公主，以母爱，礼遇过于诸公主，赐甲第，连于宫禁。

可谓"一人得道，鸡犬升天"。受到盛宠的杨贵妃和寻常后妃可不一样，她仍旧是一副寻常人家小儿女的情态，与贵为九五之尊的唐玄宗时不时闹点小脾

杨贵妃上马图 元 钱选
这幅画表现了唐玄宗和杨贵妃出游时的景象。

带着指南回大唐

气。比如《旧唐书》中记载："五载七月，贵妃以微谴送归杨铦宅。"皇帝一怒之下把杨贵妃撵回娘家，到了中午则陷入深深的思念，又将她接了回来。类似这样的小吵小闹还不止一两次。还有一次，杨贵妃还剪发一缕，但唐玄宗对杨贵妃的态度总是爱之如初。

《全唐诗》中收录了杨贵妃的一首诗《赠张云容舞》，内容为："罗袖动香香不已，红蕖袅袅秋烟里。轻云岭上乍摇风，嫩柳池边初拂水。"张云容是一个舞伎，在杨贵妃的眼中她婀娜美丽，身姿妖娆，罗袜生香。她自己又何尝不是如此动人，才受到君王的格外青睐。

但所有的美丽与繁华在动荡的政治局势下一文不值，遇到危及性命的事情时，宠妃又算得了什么呢？《资治通鉴》中记载，面对众将士的逼迫，"上乃命力士引贵妃于佛堂，缢杀之。"杨贵妃大概想不到，圣眷正隆的她竟会被心爱的男人下令处死。其实她和唐玄宗令人艳羡的爱情本就开始于政治考量。在武惠妃去世后，高力士推荐了杨贵妃。《旧唐书》中指出，高力士为内廷高延福的假子，而高延福出自武三思家。杨贵妃和武则天的母亲同为弘农杨氏，虽然关系比较远，但陈寅恪先生认为，从杨贵妃曾嫁寿王李瑁这一点来看，她也应当属于李武韦杨这一集团。陈寅恪先生对杨贵妃是唐帝国数千万女性之冠的说法存疑，他认为杨贵妃只不过是李武韦杨集团色艺无双之人。

许多人将安史之乱的锅甩到杨贵妃头上，衍生出红颜祸水的言论。比如唐朝诗人李商隐曾作《华清宫》：

华清恩幸古无伦，犹恐蛾眉不胜人。

未免被他褒女笑，只教天子暂蒙尘。

其实红颜本无罪，历史上有名的红颜祸水往往扮演着"令人摆布"的角色，爱之，可以将她们捧得如天高；等到不需要她们的时候，就将她们践踏入尘埃里。红颜本无错，"红颜祸水"根本就是有心人的开脱之词而已。

《唐语林》中有这样的一个故事：唐宣宗曾经喜欢上一个女乐人，便赐给她很多金银财宝。忽然有一天早晨，唐宣宗感到不悦，因为他想起了唐玄宗和杨贵妃的事。他说："唐明皇只有一个杨贵妃，导致天下至今未平。我怎么能忘了呢？"于是他和女乐说："应留汝不得。"左右的人进言："可以放还。"但是唐宣宗却说，放还她必然会思念，于是就赐了这个女乐人一杯毒酒。这个女乐人何其无辜，要为君王预估未来可能难以遏制的欲望买单。

风流总被雨打风吹去，李杨的爱情见证了唐朝由盛转衰的过程。早年的唐玄宗英明神武，扫清政敌，寰宇可驱。晚年却陷入昏聩，宠幸李林甫、杨国忠等奸臣，错信安禄山，最终换来一场生灵涂炭。无论是怀念杨贵妃也罢，还是贬损杨贵妃也罢，都只不过是伤怀那个回不去的大唐盛世。

驸马是个憋屈的高危职业

尉迟敬德是唐太宗的股肱之臣，唐太宗想把自己的女儿嫁给尉迟敬德。功臣娶公主，这婚姻在谁看来都是一桩美事，但尉迟敬德却严词拒绝了。《资治通鉴》中记载，尉迟敬德说："臣妻虽鄙陋，相与共贫贱久矣。臣虽不学，闻古人富不易妻，此非臣所愿也。"尉迟敬德说自己和妻子从贫贱走过来的，古人富贵都不换妻，我也不能这样。

如果说尉迟敬德因为与妻子相识于微末，夫妻恩爱才不愿意娶公主，那下面的这些人，就是真心不愿意了。

《旧唐书》中记载，唐宪宗想给自己的女儿岐阳公主选驸马，"令宰臣于卿士家选尚文雅之士可居清列者"，做皇帝的女婿，走上人生巅峰，这些有才学有文化的人"皆辞疾不应"。

唐宣宗为女儿选驸马也是煞费苦心，他知道公主任性，便要求自己的女儿

"此可为士人妻乎"，他也想选有文化有才学的人，"会有诏于士族中选人才尚公主"，但是他也同样遭遇了尴尬的局面，"衣冠多避之"，让唐宣宗很没面子。

文臣武将被迫选中驸马，其实是一件很无奈的事情。唐宣宗朝，王徽知道自己被选中驸马时，"忧形于色"，年逾四十的他去哀求宰相刘象，说自己"具陈年已高矣，居常多病，不足以尘污禁脔"。在刘象的求情之下，这桩亲事才被免去。

但是薛绍就没有那么幸运了，当唐高宗将自己的宝贝女儿太平公主许配给薛绍时，薛家并没有激动得谢天谢地。薛绍的长兄薛顗对此十分担忧，薛顗作为城阳公主与驸马薛瓘的孩子，想必对娶公主的利害了解得非常透彻。薛顗去请教薛克构，薛克构的一番话可谓道尽人们不愿意娶公主的原因。《册府元龟》中记载：

克构曰："帝甥尚主，由来故事。若以恭慎行之，亦何惧也！然室有傲妇，善士所恶。故鄙谚曰：'娶妇得公主，平地买官府。'远则平阳、盖主，妖孽致败；近则新城、晋安，为时所诫。吾闻新城以病而卒，夫子受其戮辱。晋安之丑迹上闻，有敕推案其事，汴州司法李思祯、有司御独孤元庵等，以秽污之状同时流配、杖决者十有一人。帷薄彰露有如此者，非夫天资淑德，以配君子，欲求无患者难矣哉！"

娶回公主就相当于把官司带回家。薛顗虽大惧，"而竟不敢言"。公主位高权重，恃宠而骄，强悍跋扈，驸马苦不堪言；有的公主淫乱不堪，驸马不光被扣上一顶绿帽子，风评还被牵连；公主接近权力的中心，驸马及其家族很有可能被迫卷入权力斗争，成为牺牲品。

薛克构所说的话不是空穴来风，不光有先例，甚至还精准预测了唐朝驸马们的"苦命"。

《册府元龟》中记载了唐高祖的女儿房陵公主与杨豫之的丑行。房陵公主和长广公主是姐妹，他们一个嫁给了窦奉节，一个嫁给了杨师道。长广公主和杨师道生了个儿子杨豫之。"后豫之在母服淫乱，为驸马都尉窦奉节所执，捶击无数，因割去耳鼻然后死。"杨豫之在母丧期间淫乱，被房陵公主的驸马窦奉节杀死了，说得已经很委婉了，为什么窦奉节要杀杨豫之，因为杨豫之给他戴了一顶绿帽子。

唐太宗的女儿高阳公主的行径十分离谱，她嫁给了房玄龄的儿子房遗爱，但是她不守妇道，私通辩机和尚。她做的离谱的事还有很多，唐太宗对她很失望，她也对唐太宗充满了怨恨。据《新唐书》中记载，唐太宗驾崩，高阳公主"哭不哀"，没有悲戚之色，真的是匪夷所思，毕竟唐太宗曾经十分宠爱她。

唐高宗的女儿太平公主在驸马薛绍死后不再单纯，她不仅拥有炙手可热的权势，还私德有亏，生活骄奢淫逸，比如《旧唐书》中记载，她与胡僧有染："有胡僧惠范，家富于财宝，善事权贵，公主与之私，奏为圣善寺主，加三品，封公。"她不仅私通和尚，还养了大批男宠，甚至将自己的男宠张易之献给母后武则天。

唐肃宗的女儿郜国公主在驸马萧升死后，生活变得糜烂不堪。《新唐书》中记载："升卒，主与彭州司马李万乱，而蜀州别驾萧鼎、澧阳令韦恽、太子詹事李皆私侍主家。"

唐顺宗的女儿襄阳公主同样离谱，嫁给张克礼后，"有薛枢、薛浑、李元本皆得私侍，而浑尤爱，至谒浑母如姑"，她不仅给驸马戴绿帽子，还将自己的出轨对象薛浑的母亲当作婆母。

驸马如果忍一忍，生活还可以继续，小命也能保住。但是驸马是不能有外遇的，这可是死罪一条。

宜城公主的私生活不简单，但是她秉持着"宁叫我负驸马，驸马不能负我"的原则，将驸马裴巽相好的婢女"刵耳劓鼻，且断巽发"，《朝野佥载》中记载，

"公主遣阉人执之，截其耳鼻，剥其阴皮"，手段极其残忍。

娶公主，有时候真的是将人头系在裤腰带上。

驸马韦正矩娶了唐高宗的妹妹新城公主，新城公主病逝，唐高宗不能接受，竟然怀疑到驸马的头上。《新唐书》中记载，唐高宗"诏三司杂治，正矩不能辩，伏诛"。韦正矩竟然被冤杀，实属可怜。

李隆基诛杀太平公主时，驸马武攸暨早已去世，但是人死了，墓还在，"坐公主大逆，夷其墓"。

唐中宗之女永泰公主与驸马武延基因为说了武则天与张易之的闲话，就被处死，十分可怜。《新唐书》中记载："大足中，张易之兄弟得幸武后，或谮重润与其女弟永泰郡主及主婿窃议，后怒，杖杀之。"

由此可见，驸马真的是一个高危职业。

对于公主的恶行，皇帝并非一概纵容。比如驸马张克礼状告襄阳公主的荒淫行径，唐穆宗就将公主软禁在宫中；唐德宗之女义阳公主行径蛮横，"主恣横不法，帝幽之禁中"。

对于公主的蛮横，有些君王会站在驸马一方看待问题。《因话录》中记载，唐代宗的女儿昇平公主和驸马郭暧吵架，郭暧教训公主说："倚乃父为天子耶？我父嫌天子不作。"意思是，你不过是因为有个天子的爹，我爹是不做天子，不然有你家什么事。昇平公主一听，这话也太大逆不道了，太气人了。所以就跑回宫中向皇帝哭诉。郭子仪听说这件事后大惊失色，急忙危机公关，将儿子郭暧抓起来，等着问罪。唐代宗比较开明，他说："谚云：'不痴不聋，不作阿家阿翁。'小儿女子闺帏之言，大臣安用听？"巧妙化解了一场政治危机。

唐宣宗注重教导自己的女儿，唐朝张固在《幽闲鼓吹》中记载，万寿公主的驸马郑颢的弟弟郑颢病了，唐宣宗派使者问"公主有没有去探病"，使者说"没有"。唐宣宗又问公主在做什么呢？使者回答："在慈恩寺看戏场。"唐宣宗听了特别生气，感慨地说："我怪士大夫不欲与我为婚，良有以也。"然后把万寿公主叫来斥责了一通。

唐宣宗本来要将女儿永福公主嫁给于琮，但是永福公主不是省油的灯。《新唐书》中记载："主与帝食，怒折匕箸，帝曰：'此可为士人妻乎？'"永福公主和唐宣宗吃饭，竟然发怒把筷子折断了，唐宣宗一看永福公主这修养，还是别祸害于琮了。于是驸马还是那个驸马，但是公主却换成了广德公主。

为了提升驸马的地位，唐文宗曾经下令更改驸马为公主服丧三年的规定。《旧唐书》中记载，唐文宗下诏曰："制服轻重，必由典礼。如闻往者驸马为公主服三年，缘情之义，殊非故实，违经之制，今乃闻知。宜令行杖周，永为通制。"公主薨，驸马从服丧三年改为一年。唐宣宗还下令禁止公主改嫁。《唐会要》中记载，唐宣宗大中五年（851年）四月颁布诏令："起自今以后，先降嫁公主县主，如有儿女者，并不得再请从人；如无儿女者，即任陈奏。宜委宗正寺准此处分。如有儿女，妄称无有，辄请再从人者，仍委所司察获奏闻，别议处分，并宣付命妇院，永为常式。"说到底，这些皇帝还是为了维护皇家的体面。

第十章

「磨人」的婚姻：
「相见」时难「别」亦难

婚不能乱结，搞不好要蹲大牢

现代人结婚，只要双方愿意，就可以拿着相关证件去民政局登记。父母一般会尊重子女的选择，不会横加干涉。但在唐朝，要想结婚，需要注意的事情有很多。如果以现在的行事风格去应对唐朝的婚恋，那就要警惕是否触犯法律了。

唐朝的法定结婚年龄是多少呢？唐太宗时期规定："男年二十、女年十五以上。"开元二十二年（734 年），唐玄宗将年龄调整为"男年十五、女年十三以上"。到了适婚年龄，自有父母或祖父母为其操心议定亲事，子女不能擅自做主。因为唐朝不提倡自由恋爱，婚姻的缔结讲究"父母之命、媒妁之言"，即便是双方父母都有让子女结亲的意思，也得找一个媒人从中斡旋，因为《唐律疏议》中规定"为婚之法，必有行媒"。

在许多古装剧里，男女双方是亲戚，两人从小青梅竹马，长大后在父母的授意下结为夫妻，可谓天造地设的一对。在唐朝，亲戚真的可以结婚吗？《礼记》中记载："取妻不取同姓，以厚别也。"一般同姓不婚。《唐律疏议》中记载："诸同姓为婚者，各徒二年；缌麻以上，以奸论。"同姓之间结婚，男女双方需各处两年徒刑。与五服之内的亲戚结婚，以奸淫罪论处。另外，纳妾也不能纳同姓。《唐律疏议》中规定："买妾不知其姓则卜之。取决著龟，本防同姓。同姓之人，即尝同祖，为妻为妾，乱法不殊。"当然同姓不婚，不是同一姓氏的都不能结婚，而是强调不要同宗。

麟趾图　唐　周昉（传）
此图描写后妃居后殿，观看孩童沐浴、嬉戏等活动。

　　《唐律疏议》中对很多亲属关系都做出禁止结婚的规定，比如"若外姻有服属而尊卑共为婚姻，及娶同母异父姊妹若妻前夫之女者，亦各以奸论"。也就是说，因婚姻关系而缔造的在五服之内的亲属尊卑不同不可以结婚，不能娶同母异父的姐妹或者妻子前夫的女儿。值得一提的是，太平公主和薛绍虽有服属关系，但属于平辈，这种情况是可以结婚的。唐朝的婚姻遵循尊卑人伦，并非都像武则天先后侍奉唐太宗与唐高宗父子两人、唐玄宗霸占了自己的儿媳杨玉环那么毁三观。

除了对亲属关系有限制外，唐朝缔结婚姻还要选对时间点。比如《唐律疏议》中规定："诸居父母及夫丧而嫁娶者，徒三年；妾，减三等。各离之。知而共为婚姻者，各减五等；不知者。不坐。""诸祖父母、父母被囚禁而嫁娶者，死罪，徒一年半；流罪，减一等；徒罪，杖一百。"不允许子女在父母或夫丧期间、祖父母或父母被囚禁期间嫁娶，因为这有违儒家的纲常伦理。

婚姻大事讲究父母之命、媒妁之言。双方父母需都同意，丈夫要三书六礼将妻子迎娶回家，有足够的缔结婚姻的诚意，既不能欺瞒，也不能先有接触。对于强娶或者欺瞒而来的婚姻，唐代的律法都不予以支持。

《唐律疏议》中规定："诸违律为婚，虽有媒聘，而恐喝娶者，加本罪一等；强娶者，又加一等。被强者，止依未成法。"对男女双方的婚前欺骗行为，男子处罚要比女子罪加一等。

如果结婚前对方透露出的信息是"高挑貌美"，结婚时却发现是个"矮小丑陋"，这种情形是可以解除婚约的。《唐律疏议》中规定："诸为婚而女家妄冒者，徒一年；男家妄冒，加一等。未成者，依本约；已成者，离之。"

对于婚前逾矩的男女，唐代的律法也不允许他们结婚，甚至结了婚事发要强制离婚，即"假令，先不由主婚，和合奸通，后由祖父等立主婚已讫后，先奸通事发者，纵生子孙犹离之耳。常赦所不免，悉赦除者，不离。"唐中宗的女儿安乐公主可谓劣迹斑斑。她在丈夫武崇训死后，不甘寂寞，与武延秀私通，之后干脆就直接嫁给了武延秀。《新唐书》中记载，"主素与武延秀乱，即嫁之"，他们的结合没有得到惩处，还获得了帝后的赏赐。举行婚礼的时候，"帝与后为御安福门临观，诏雍州长史窦怀贞为礼会使，弘文学士为傧，相王障车，捐赐金帛不赀。"可见在强权面前，唐代律法的具体执行就要大打折扣了。

从此萧郎是路人：揭秘唐朝婚姻等级制度

"公子王孙逐后尘，绿珠垂泪滴罗巾。侯门一入深如海，从此萧郎是路人。"唐朝崔郊的一首《赠去婢》将他与婢女相爱却不能相守的无奈和盘托出。《云溪友议》中记载：元和年间，秀才崔郊与姑母的婢女互生情愫。于頔在不知情的情况下，"以类无双，给钱四十万"买了此婢女，并且"宠眄弥深"。崔郊对婢女思念甚切，想尽办法要见婢女一面，他徘徊于于頔的家门外。寒食节时，婢女果然出行了，他们二人再次相遇。思念的滋味如潮水般涌来，崔郊写下一首诗赠给婢女，正是这首《赠去婢》。有人嫉妒崔郊，故意让于頔看到此诗。于頔看到此诗后，派人召见崔郊。大家都不知道于頔要做什么，崔郊自己也颇为迷惑。等到于頔见到崔郊，便握着他的手，说道："'侯门一入深如海，从此萧郎是路人。'便是公制作也。四百千，小哉！何靳一书，不早相示。"他自己花四十万钱不算什么，他乐意成人之美，于是命婢女和崔郊一同回家，还送了崔郊很多钱财。

唐朝有严格的等级制度，对于婚姻的执行也不例外。《唐律疏议》中规定："人各有耦，色类须同。良贱既殊，何宜配合？与奴娶良人女为妻者，徒一年半，女家减一等，合徒一年，仍离之，谓主得徒坐，奴不合科。其奴自娶者，亦得徒一年半。主不知情者，无罪；主若知情，杖一百。"良人就是平民，身份是自由的。而贱民是隶属于他人，自己没有人身自由。唐朝婚姻讲究当色为婚，良贱不能通婚。如果奴娶良人为妻，不仅要坐一年半

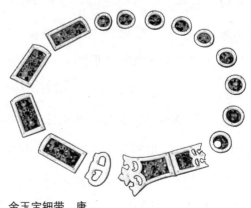

金玉宝钿带　唐

的牢，婚姻还要作废。女方的处罚相对轻了点儿。奴的主人如果知情，也要受到惩罚。

崔郊属于良民，而婢女属于贱民，他们结婚是不合唐朝法律的。《唐律疏议》中规定："杂户配隶诸司，不与良人同类，止可当色相娶，不合与良人为婚。违律为婚，杖一百。"可能有人会给崔郊出主意，让婢女假装成良民。然而，《唐律疏议》中规定："因而上籍为婢者，流三千里""即妄以奴婢为良人，而与良人为夫妻者，徒二年，各还正之。"面对如此严厉的惩罚，谁敢？

崔郊如果让婢女做妾，也不符合法律规定。"诸以妻为妾、以婢为妻者，徒二年；以妾及客女为妻、以婢为妾者，徒一年半。各还正之。"将婢升格为妻，徒二年；将婢升格为妾，徒一年半。

在唐朝，即便同为贱民，也不能随意婚娶。据《唐令拾遗》中记载："诸工乐、杂户、官户、部曲、客女、公私奴婢，皆当色为婚。"对于一些地位较高的贱民，政策也会偶有松弛，比如"太常音声人，依《令》婚同百姓，其有杂作婚姻者，并准良人"，说明音乐师可以和良人通婚。

除了良贱不能通婚外，官民也不能通婚。不过唐朝主要强调的是地方官不能娶其管辖区域内的百姓为妻。《唐会要》中记载，开元年间，唐玄宗规定："诸州县官人在任之日，不得共部下百姓交婚。违者，虽会赦，仍离之。其州上佐以及县令。于所统属官。同其定婚在前，居官居后，及三辅内官，门阀相当情愿者，并不在禁限。"由此不难看出，对于官民不婚的限制，也有两种例外的情况，要么是订婚在任期之前，要么是双方门户相当。

《太平广记》中记载了一条有关杜牧十年之约的绯闻。太和末，杜牧在宣州给沈传师做幕僚，他听说湖州好山好水好风景，就去游玩。湖州刺史很懂杜牧的心思，每天带着他吃吃喝喝，安排了一场又一场的宴席，还招呼了很多歌妓让杜牧欣赏，杜牧却说："美矣，未尽善也。"他还想要更好的。杜牧自己想了一个主意：在江边举行竞渡，这时候大家都来看，那么多人当中，让杜牧自己选。

湖州刺史自然给杜牧安排得明明白白的。杜牧眼光比较高，到了晚上，"竟无所得"，正要离去，忽然发现人群中有一个妇人领着一个十多岁的姑娘，他一眼就看中了这个女孩。然后他就和女孩的母亲说这事儿，母女二人都感到很惊讶。杜牧说："且不即纳，当为后期。"我现在还不娶你，我先约定一个期限。妇人就问，如果你失约怎么办？杜牧信誓旦旦："吾不十年，必守此郡。十年不来，乃从尔所适可也。"我十年内必然调任到这个郡做官，若是十年后还不到，那过了期限你可以随便嫁娶。

杜牧此后心心念念着湖州，但是"官秩尚卑，殊未敢发"，调任其他州做官也非他所愿。一直等到和杜牧交好的周墀做了宰相，他才敢提出调任湖州的想法。等到他真正做了湖州刺史，已经过去了十四年。他心心念念的女子已经嫁人三年了，并且生了三个孩子。杜牧就问女子的母亲，为什么不遵守约定？老妇人说："向约十年，十年不来而后嫁，嫁已三年矣。"老妇人并没有违约，因为十年的期限已过。杜牧违约在先，黯然神伤，写了一首《叹花》：

> 自是寻春去校迟，不须惆怅怨芳时。
> 狂风落尽深红色，绿叶成阴子满枝。

按照这个故事的逻辑，任湖州刺史的杜牧根本无法娶此女。虽然杜牧与此女的婚约是在杜牧任湖州地方官之前定下的，符合第一种例外情况。但婚姻已失效，杜牧如果强娶此女，即便此女未嫁，也是违反《唐律疏议》的。另外，杜牧订立约定时的假设就有问题。《唐律疏议》中规定，地方官不能和当地百姓结亲，杜牧还说"吾不十年，必守此郡"，到时候履约，不知道这种情况是否属于第一种例外的情况？也不知道这种约定是否合乎《唐律疏议》？

历史学家缪钺先生对杜牧的这个约定存质疑的态度。《叹花》这首诗未见于现在所能见到的杜牧外甥裴延翰辑录杜牧诗歌的《樊川文集》和同时代人的记录中，而是收录在《全唐诗》中，《全唐诗》是清人编校的，《叹花》很有可能是伪作。而且故事中的史实经不起推敲，杜牧大中四年（850年）任湖州刺史，大中四年的"十四年前"是开成元年（836年），那时沈传师早已于太和九年（835年）去世，而太和九年的杜牧就任监察御史，故事中所说的太和末杜牧做沈传师幕僚的说法与史实不符。

走在自由与保守的边界

在"父母之命、媒妁之言"的封建社会，有些长辈则较为开明，在择偶方面比较尊重晚辈的意见，这就导致了有些人在选择伴侣的事情上享有相对的自由。据《太平广记》中记载，卢储向李翱行卷时，李翱的长女看到了卢储的文章，断定"此人必为状头"。李翱看出女儿对卢储的欣赏之意，就向卢储表达了自己想要招他为婿的意愿。卢储高中状元后，二人完婚，卢储还作了首《催妆》的诗来讲他们的故事：

昔年将去玉京游，第一仙人许状头。

今日幸为秦晋会，早教鸾凤下妆楼。

据《开元天宝遗事》中记载，宰相张嘉贞想让郭元振做自己的女婿。对于送上门的老婆和荣华，郭元振并没有欣然接受，他说："知公门下有女五人，未知孰陋。事不可仓卒，更待忖之。"意思是，你家里有五个女儿，我哪知道谁长得好看，谁长得难看，要是给我安排个丑的可怎么办。还是不能仓促行事，大家再考虑考虑吧。宰相张嘉贞是一个好脾气，他大概是认准这个女婿了，便出了个主意："吾女各有姿色，即不知谁是匹偶。以子风骨奇秀，非常人也，吾欲令五女各持一丝，幔前使子取便牵之，得者为婿。"原来张嘉贞是真的看中郭元振了，认为他将来必有出息，就让五个女儿牵着红线坐在帷幔后，郭元振在帷幔前选，选中谁就牵谁的红线。郭元振："欣然从命。遂牵一红丝线，得第三女，大有姿色，后果然随夫贵达也。"虽然郭元振牵丝娶妻还隔着帷幔，但也可以将帷幔后女子的风韵看个大概。

口蜜腹剑的李林甫虽然人品不怎么样，却是个开明的父亲。他在为女儿择婿时，想了一个好办法。"林甫厅事壁间有一小窗，饰以杂宝，幔以绛纱。"他的六个女儿可以透过窗幔相看前来的贵族子弟，"林甫即使女于窗中自选可意者事之"。

开明的父母并不一定要全部听从子女的意愿，而是要让子女了解全部真相后再做决断。据《南部新书》中记载，郑畋的女儿"好罗隐诗，常欲妻之"，和李翱的长女一样的心思。郑畋大概是不愿意的，但是他没有制止女儿，而是在罗隐来拜谒他的时候让女儿"隔帘视之"。之后女儿再也不提罗隐，再也不读他的诗文了，因为罗隐长得太丑了。

唐朝女诗人晁采与书生文茂是自由恋爱、自主婚姻的典范。据《全唐文》中记载，他们二人青梅竹马，经常诗书传情，晁采还在盆中种莲子，表达愿和文茂花开并蒂结良缘的心愿。二人逾越男女大防，晁采的母亲得知后，便将女儿嫁给文茂。感叹道："才子佳人，自应有此。"

不过这种自主结合是有风险的。白居易在《井底引银瓶》中讲述了一位婚姻自专的妇女遭到的悲惨待遇。"到君家舍五六年，君家大人频有言。聘则为妻奔是妾，不堪主祀奉蘋蘩。"公婆认为她是淫奔，不属于明媒正娶，始终对她颇有微词，不承认她的地位。女子虽然心中不快，"终知君家不可住"，知道丈夫家中不可久留，但"其奈出门无去处"，并非她没有父母兄弟，而是"潜来更不通消息，今日悲羞归不得"，私奔而来，羞愧难当，没脸回家。真是"为君一日恩，误妾百年身"，所以她规劝其他女子莫要重蹈她的覆辙，"寄言痴小人家女，慎勿将身轻许人"。

作诗催妆、去花却扇：婚礼现场很文艺范儿

现如今很多人结婚，都会感慨"累个半死"，其实现在的结婚流程比古代简单多了。唐朝结婚，要执行很繁复隆重的礼仪制度。《礼记》中记载："昏礼者，礼之本也。"结婚必须行六礼的程序。六礼是指纳采、问名、纳吉、纳征、请期和亲迎，是从求婚到完婚的一整套流程。

《文艺类聚》中记载："纳采，始相与言语，采择可否之时。"男方派遣媒人去女方家中送聘雁，议定亲事，称为"纳采"。唐朝段成式在《酉阳杂俎》中详细记载了纳采的礼品："婚礼，纳采有合欢、嘉禾、阿胶、九子蒲、朱苇、双石、绵絮、长命缕、干漆。"这些礼物都是吉祥如意的象征。"胶、漆取其固；绵絮取其调柔；蒲、苇为心，可屈可伸也；嘉禾，分福也；双石，义在两固也。"如果女方家不接受这门亲事，那么就此作罢；如果接受这门亲事，就进入"问名"的流程。

"问名"即男方派遣媒人问询女方的信息，比如生辰八字之类，以便了解男女双方是否违背法律中不婚的规定。

接着是"纳吉"和"纳征"，通过占卜来看一看男女双方八字相合与否。如果各方面都符合，占卜也挺吉祥，男方就得派遣媒人去告知女方自己的具体信息、身体状况、嫡庶如何，女方也相应地将信息告知男方，缔结婚书，男方将聘财送到女方家中。《礼记》中记载："纳征者，纳聘财也。征，成也。先纳聘财而后婚成。"《唐律疏议》中规定："女许嫁已定，谓有许婚之书及私约，或已纳娉财，虽未成，皆归其夫。"有了婚书、私约或者纳了娉财，婚约才算定下来。定下婚约，就要商讨办婚礼的日子，称为"请期"。最后的"亲迎"就是举行婚礼，男方将女方迎娶回家举行的典礼仪式。

唐朝迎亲是在黄昏时分，具体的婚俗至今还有所保留。与现在的婚礼相似，

执扇仕女图　唐　周昉

迎亲的第一个项目就是刁难女婿，也被称为"下婿"。《酉阳杂俎》中记载："婿拜阁日，妇家亲宾妇女毕集，各以杖打婿为戏乐，至有大委顿者。"由此看来，如果身板不够硬，身体不够好，结婚第一关就吃不消。

这个仪式不过是为了热闹热闹，杀杀女婿的威风，让他在以后对妻子好一点儿，切不可做过了。《酉阳杂俎》中记载了一个悲剧：甲娶妻的时候，乙和丙就戏耍甲。将甲"举置柜中，覆之"，没想到甲因此而气绝身亡了。所以凡事要讲究分寸。

不过挨揍还不够，要想让新娘子出来，还得"催妆"。段成式解释："夫家领百余人或数十人，随其奢俭挟车，俱呼'新妇子催出来'，至新妇登车乃止。今之'催妆'是也。"但是这可不是用来考验新娘化妆速度的，而是考验新郎文采的。要想让新娘出来，新郎得作催妆诗。

催妆诗一般浅显易懂，在这里欣赏一首：

奉诏作催妆五言
（唐）陆畅

云安公主贵，出嫁五侯家。

天母亲调粉，日兄怜赐花。

催铺百子帐，待障七香车。

借问妆成未，东方欲晓霞。

简单来说，意思就是"新娘你快点吧"。有人可能想说，陆畅是科举考试的佼佼者，新郎要是没有文采作不出来诗怎么办。唐人自有妙招——与其在婚礼现场抓耳挠腮，洋相百出，不如提前找人代写，新郎直接背过。或者找个有文采的陪新郎接亲，拜托这位仁兄助其一臂之力。

把新娘接出来后，启程也不容易，因为还有"障车"等着新郎。新娘的亲友会拦着车不让走，新郎得给亲友"发红包"。有时候红包要得太狠，结婚的人不得不想办法躲避。据《太平广记》中记载，开元年间，修武县有一户人家嫁女，"女之父惧村人之障车也，借俊马，令乘之，女之弟乘驴从，在车后百步外行"。不知道村人是如何讨要钱财的，竟让这家人如此躲避，也是够累的。

结婚的时候，男服绯红，女服青绿，即新郎要穿红衣服，新娘要穿绿衣服。举行仪式时，新婚夫妇要踩着唐式红毯，即毛毯毡走到青庐结拜。《封氏闻见记》中记载："近代婚嫁，有障车、下婿、却扇及观花烛之事，及（一作"又"）有下（一作"卜"）地、安帐、并拜堂之礼，上自皇室，下至士庶，莫不皆然。"

仪式结束后，新婚夫妻回到卧房，还有复杂的程序要走。喝合卺酒，结同心结，等等。新娘"去花"，卸掉头上戴的装饰，然后用扇子将脸挡起来。新郎官还得再作却扇诗让新娘把扇子拿下。然后亲友还会"观花烛"，和现在的闹洞房一样，等到这一切都结束，二位新人才能好好休息。

第二天，新婚夫妇得早早起来去拜见长辈，折腾一天还得晚睡早起，是不是比现在辛苦多啦。

打"小三"、抗圣旨，麻辣主妇不好当

据《隋唐嘉话》中记载，唐太宗要赐给房玄龄一个美人，房玄龄屡次拒绝。唐太宗就让皇后召见房玄龄的妻子卢氏，和她说这事儿。卢氏自然也不愿意。唐太宗就说："若宁不妒而生，宁妒而死？"卢氏说："妾宁妒而死。"唐太宗就赐了杯毒酒给卢氏，谁知卢氏不吃这一套，举起酒杯一饮而尽。原来，唐太宗只不过是吓吓卢氏，并非真的是毒酒。但卢氏宁死不允许房玄龄娶小妾的决心唐太宗看得明明白白。唐太宗说道："我尚畏见，何况于玄龄！"

其实房玄龄并非只是怕老婆，而是他和妻子卢氏有很深的感情。《朝野佥载》中对卢氏有很高的评价，称赞她"质性端雅，姿神令淑，抗节高厉，贞操逸群"。房玄龄病重时，嘱咐妻子："吾多不救，卿年少，不可守志，善事后人。"意思是，让卢氏改嫁。卢氏哭着说："妇人无再见，岂宜如此！"然后进入帐中，"剜一目睛以示龄"，用来表示自己不会改嫁，忠贞不贰的决心，房玄龄最后康复了，两人的感情越发弥坚。

像卢氏这样的麻辣主妇还真不少。大将任瑰的妻子也有和卢氏相似的劝退"小三"的经历，唐太宗最终只得把赐给任瑰的两个美女安置在别的地方。

据《玉泉子见闻真录》中记载，节度使李福的妻子裴氏也是个麻辣主妇，李福虽有很多姬妾，但都不太敢亲近。李福在镇守滑台时，想召女奴娶乐，他对裴氏说："我已经做官到节度使了，但是我使唤的人不过是老仆，夫人也太薄待我了吧！"裴氏问他意属何人，他就说女奴。裴氏答应他，但是"尔后不过执衣侍膳，未尝一得缱绻"。

李福想和女奴亲近亲近，就吩咐裴氏左右的人说，夫人沐发的时候赶紧来报告我啊。等到裴氏沐发的时候，李福就假装自己腹痛召女奴。裴氏左右的人就以为她正在沐浴，不可能立马动身，就告诉裴氏说李福腹痛了。裴氏听后，立马从澡盆里出来，光着脚问李福到底怎么样了。李福无奈，只能将戏演到底，展现出自己精湛的演技，表现得疼痛难忍。裴氏特别担心，就将药投进童子尿中让李福服用。李福只好欣然接受。

第二天，监军使及从事都来问候李福，看看他病好了没。李福就将事情的来龙去脉告诉了同僚。还自嘲："一事无成，固其分。所苦者，虚咽一瓯溺耳。"大家听了都哈哈大笑。

李福和妻子的感情应该很深厚，妻子听闻他病了，着急去探望，都没来得及穿鞋。李福十分坦然，对自己怕老婆的事直言不讳。

杨弘武的老婆也很"麻辣"，《隋唐嘉话》中记载，唐高宗问杨弘武"某人何因，辄授此职"，你为什么要提拔这个人？杨弘武说："我的妻子韦氏性格刚悍，她说要提拔这个人，臣若不从，恐有后患。"这离谱的提拔官员的方式，唐高宗竟然没有生气，而是笑笑就不了了之了。很有可能是因为唐高宗和杨弘武同病相怜，他也怕自己的老婆武则天。

唐朝有一位麻辣主妇比黄巢还可怕。据《北梦琐言》中记载，唐中书令王铎在和黄巢对峙时，带着姬妾随行，而把夫人留在家中。王铎突然听说夫人正离京在赶来的路上，无奈地问从事："黄巢渐以南来，夫人又自北至，旦夕情味，何以安处？"意思是，黄巢从南面打来，夫人又从北面赶来，我该怎么办呀。他的幕僚戏说道："不如降黄巢。"王铎听了哈哈大笑。

然而，如果主妇们在"麻辣"的时候有失分寸，可能会影响丈夫的事业。比如张鷟记载，贞观年间，桂阳令阮嵩的妻子就是个厉害的人物，阮嵩在宴会上饮酒，招呼女奴唱歌，他的妻子听说后，光着脚、露着胳膊，拿着刀就闯进去了，把大家都吓退了。而阮嵩被吓得趴在床下，女奴狼狈而奔。刺史崔邈在考察阮嵩时说："妇强夫弱，内刚外柔。一妻不能禁止，百姓如何整肃？妻既礼教不修，夫又精神何在？"最终罢免了阮嵩的官。

看来要想当麻辣主妇还真不容易，不仅要性格"暴躁"不好惹，还得有坚定地捍卫主妇地位的勇气和决心，更重要的是要有一颗爱丈夫的心。夫妻恩爱，麻辣主妇才能当下去；夫妻不睦，就该分道扬镳了。

一别两宽，各生欢喜：烂漫又煽情的唐式离婚

在敦煌莫高窟出土的一批唐代文献中，保存着不少唐人的"放妻书"，有一份唐代婚姻文书《某专甲谨立放妻手书》，内容如下：

盖说夫妻之缘，伉俪情深，恩深义重。论谈共被之因，幽怀合卺之欢。

凡为夫妻之因，前世三生结缘，始配今生夫妇。夫妻相对，恰似鸳鸯，双飞并膝，花颜共坐；两德之美，恩爱极重，二体一心。

三载结缘，则夫妇相和；三年有怨，则来仇隙。

若结缘不合，想是前世怨家。反目生怨，故来相对。妻则一言数口，夫则反目生嫌。似猫鼠相憎，如狼羊一处。

既以二心不同，难归一意，快会及诸亲，以求一别，物色书之，各还本道。

愿妻娘子相离之后，重梳蝉鬓，美扫娥眉，巧逞窈窕之姿，选聘高官之主，弄影庭前，美效琴瑟合韵之态。

解怨释结，更莫相憎；一别两宽，各生欢喜。

三年衣粮，便献柔仪。伏愿娘子千秋万岁。

夫妻离婚不仅没有剑拔弩张，反而好聚好散。他还希望妻子以后可以再嫁个好人家，与之琴瑟和鸣。其实，作为曾经的夫妻，是应该尽释前嫌，不要相互憎恨，而是相互祝福。总之就是"一别两宽，各生欢喜"。

这种形式的离婚是合离。双方自觉自愿，和平分手。但还有两种离婚，就没有这么和谐了。一个是"七出"，《大戴礼记》中记载："妇有七去：不顺父母去，无子去，淫去，妒去，有恶疾，去，多言，去，窃盗，去。"这七种情况下，丈夫可以休妻。但是如果遇到妻子"有所娶无所归""与更三年丧""前贫贱后富贵"三种情况，不可以休妻。也就是说，妻子被休后无家可归，或者曾为公婆服丧，再或者与妻子结婚后才富贵起来，这些情况不可以休妻。

当然也有妻子主动提出离婚的。《云溪友议》中记载，有一个叫杨志坚的人，"嗜学而居贫，乡人未之知也"，他的妻子嫌弃他，就"索书求离"。于是，杨志坚就写了一首放妻诗。他的妻子就将书信呈给官府，请求判定离婚。当时办事的长官是颜真卿，颜真卿看到这首放妻诗，觉得杨志坚是个人才，批评他的妻子专学朱买臣的妻子，嫌贫爱富，"恶辱乡间，败伤风俗"，然后打了她

唐代的婚姻观念比较开放，两人如果感情不和，可以协议离婚，称为"和离"。

二十大板，任其改嫁。而杨志坚还被"赠布绢各二十四、禄米二十石"，还给他谋了份差事，"便署随军，仍令远近知悉"。至此，"江左十数年来，莫有敢弃其夫者"。

还有一种离婚方式是"义绝"，即官府强制离婚的情况。《唐律疏议》中规定："义绝，谓殴妻之祖父母、父母及杀妻之外祖父母、伯叔父母、兄弟、姑、姊妹，若夫妻祖父母、父母、外祖父母、伯叔父母、兄弟、姑、姊妹自相杀，及妻殴、詈夫之祖父母、父母，杀伤夫外祖父母、伯叔父母、兄弟、姑、姊妹，及与夫之缌麻以上亲若妻母奸，及欲害夫者，虽会赦皆为义绝。妻虽未入门，亦从此令。"义绝的范围相当广泛，丈夫打伤妻子的长辈亲属，或者夫妻亲属互相伤害等情况，都得义绝。《唐律疏议》中规定："诸犯义绝者离之，违者徒一年。"

离婚后，妻子可以将自己的嫁妆带走。因为嫁妆属于妻子的私人财产，夫家无权扣留。除此之外，有些男方还会给女方一些分手费，比如前面放妻书所说的"三年衣粮，便献柔仪"，就是给妻子三年的生活费。不过，唐朝毕竟是男权社会，一般夫妻婚后共同财产，女子无法拿走，子女的抚养权也归属男方。

虽然缔结婚姻的心愿是诚挚的，但如果实在夫妻不睦，无法共同生活，好聚好散也是个不错的选择。

第十一章

神州盛世之音：
解锁唐朝的节日

从金吾弛禁到罗绮满街，唐朝的元宵节有多热闹

"月色灯光满帝都，香车宝辇隘通衢。身闲不睹中兴盛，羞逐乡人赛紫姑。"唐朝的元宵节，也称上元节，是全年最热闹的时候。因为唐朝的夜晚，百姓不能自由活动，有宵禁制度，但是元宵节期间例外，人们可以享受夜生活，自由玩耍。这就是所谓的"金吾不禁夜，玉漏莫相催"。韦述在《两京新记》中记载："正月十五日夜，敕金吾弛禁，前后各一日以看灯，光若昼日。"

在唐朝，燃灯是元宵节的习俗之一。据《旧唐书》中记载，唐中宗景龙四年（710年），"上元夜，帝与皇后微行观灯"。如此盛会，自然少不了文人的诗词唱和。《大唐新语》中记载："神龙之际，京城正月望日，盛饰灯影之会。金吾弛禁，特许夜行。贵游戚属及下隶工贾，无不夜游。车马骈阗，人不得顾。王主之家，马上作乐以相夸竞。"这时候，文士都赋诗以纪念。作者有数百人，数中书侍郎苏味道、吏部员外郭利贞、殿中侍御史崔液三人的诗词作得最好。

苏味道诗曰："火树银花合，星桥铁锁开。暗尘随马去，明月逐人来。游妓皆秾李，行歌尽《落梅》。金吾不禁夜，玉漏莫相催。"

郭利贞曰："九陌连灯影，千门度月华。倾城出宝骑，匝路转香车。烂熳唯愁晓，周旋不问家。更逢清管发，处处落梅花。"

崔液曰："今年春色胜常年，此夜风光正可怜。鸂鶒楼前新月满，凤凰台上宝灯燃。"

长在深闺人未识的女子，更是盛装出席。《朝野金载》中记载："睿宗先天

二年正月十五、十六夜，于京师安福门外作灯轮，高二十丈，衣以锦绮，饰以金玉，燃五万盏灯，簇之如花树。宫女千数，衣罗绮，曳锦绣，耀珠翠，施香粉。一花冠、一巾帔皆万钱，装束一妓女皆至三百贯。妙简长安、万年少女妇千余人，衣服、花钗、媚子亦称是，于灯轮下踏歌三日夜，欢乐之极，未始有之。"我们从中可以看到节日的盛况，灯轮竟然高二十丈，还有精美的装饰，"衣以锦绮，饰以金玉"，数量也非常多，燃五万盏灯，火树银花，壮美非凡。

不过这些热闹的情景和唐玄宗时期相比，只能算是小场面。据《唐会要》中记载，唐玄宗在天宝三载（744年）十一月规定："每载依旧正月十四、十五、十六日开坊市燃灯，永为常式。"朝廷从法律上规定了中元节热闹三天成为定例。《旧唐书》《开元天宝遗事》《明皇杂录》中均有记载，唐玄宗经常去勤政楼观作乐，他还让宫女在楼前歌舞娱乐大家。"时有匠毛顺，巧思结创缯彩为灯楼三十间，高一百五十尺，悬珠玉金银，微风一至，锵然成韵。乃以灯为龙凤虎豹腾跃之状，似非人力。"杨贵妃的姐姐韩国夫人"置百枝灯树，高八十尺，竖之高山上，元夜点之，百里皆见，光明夺月色也"。杨国忠子弟"每至上元夜，各有千炬红烛围于左右"，真是热闹非凡。

元宵节除了观灯活动，还有热闹的歌舞表演，特别是"踏歌"，绝对舞出了超强的阵容。张祜《正月十五夜灯》中有描写："三百内人连袖舞，一时天上著词声。"三百人的超强阵容，极尽欢乐。据《旧唐书》中记载，唐睿宗先天二年（713年），"上元日夜，上皇御安福门观灯，出内人连袂踏歌，纵百僚观之，一夜方罢"，闹腾一夜，盛况空前。

当然，元宵节期间还有许多娱乐项目，就拿拔河来说，也是空前规模。《唐语林》中记载："明皇数御楼设此戏，挽者至千余人，喧呼动地。蕃客庶士，观者莫不震骇。"《封氏闻见记》也将元宵节拔河的盛况记录了下来："两向（一作"相"）齐挽，当大絙之大中立大旗为界，震鼓叫噪，使相牵引，以却者为胜，就者为输，名曰'拔河'。"

载歌载舞，游赏观灯，兼赏游人，这样的元宵节，你想要参与吗？

鸡、狗、猪、羊、牛、马，今天终于生人了

说起"人日"，许多人可能会觉得陌生。但是在唐朝，人日可是一个盛大的节日。人日是指农历的正月初七，东方朔在《占书》中记载："岁后八日，一为鸡，二为犬，三为豕，四为羊，五为牛，六为马，七为人，八为谷。"古人认为，正月初七是人的诞生日，所以称为"人日"。

在唐朝，人日是法定假日，在这一天官员不用上班，大家都争相庆祝节日。人日还会举行重大的宴席，文人在席间诗词唱和，因而诞生了很多应制诗，比如崔日用的《奉和人日重宴大明宫恩赐彩缕人胜应制》、郑愔的《人日重宴大明宫恩赐彩缕人胜应制》等。

南朝梁宗懔在《荆楚岁时记》中记载："七日为人日，以七种菜为羹，剪彩为人，或镂金箔为人，以贴屏风，亦戴之头鬓，又造华胜以相遗，登高赋诗。"吃菜羹、剪彩为人、造华胜、登高赋诗这些传统都被唐人继承了下来。

为什么要吃菜羹呢？相传，从正月初一到初六，是鸡、狗、猪等动物的诞生日，不能杀害它们，所以到了初七只能吃菜羹。除了菜羹以外，唐人在人日

皇帝赐宴大明宫，众臣相互庆祝、在席间赋诗。

还有一道传统美食——煎饼。庞元英在《文昌杂录》中记载，唐朝岁时节物中，提出"人日则有煎饼"。《荆楚岁时记》中记载："北人此日食煎饼，于庭中作之，云熏天，未知所出也。"在庭院中做煎饼吃，别有一番风味。

"剪彩为人""造华胜"听起来十分神秘，实际上就是做一些装饰品。用丝织品、纸、金箔等剪刻成各种形状的装饰品，或戴在头上，或贴在窗户、屏风之上。其中剪裁成人形的装饰品被称为"人胜"。陆龟蒙在《人日代客子》中描述了女子佩戴彩胜的画面："人日兼春日，长怀复短怀。遥知双彩胜，并在一金钗。"在人日这天，彩胜还成为君王赏赐大臣、亲友之间互赠的物品。

登高赋诗乍一看像是重阳节的风俗，特别是王维在《九月九日忆山东兄弟》中"遥知兄弟登高处，遍插茱萸少一人"的名句让众人都知道重阳节有登高的习俗。其实人日也有登高的习俗，后来演化为出游的习俗。据《景龙文馆记》中记载，唐中宗景龙三年（709年）正月七日，"上御清晖阁，登高遇雪，因赐金彩人胜。令学士赋诗。是日甚欢，宗楚客诗云：窈窕神仙阁，参差云汉间。九重中叶启，七日早春还。太液天为水，蓬莱雪作山。今朝上林树，无处不堪攀。正谓此也。"唐朝诗人宋之问也曾写诗《军中人日登高赠房明府》中描述自己人日登高的情形："幽郊昨夜阴风断，顿觉朝来阳吹暖。泾水桥南柳欲黄，杜陵城北花应满。长安昨夜寄春衣，短翮登兹一望归。闻道凯旋乘骑入，看君走马见芳菲。"孟郊也曾在人日登高怀友，有诗作《人日登南阳驿门亭子，怀汉川诸友》："朝来登陟处，不似艳阳时。异县殊风物，羁怀多所思。剪花惊岁早，看柳讶春迟。未有南飞雁，裁书欲寄谁。"唐人登高望远，怀念亲友的心情一览无遗。

另外，人日还有"禳鬼鸟"的习俗。鬼鸟到底是什么鸟，让人们如此害怕？《荆州府志》中记载："人日夜，多鬼鸟，曰夜行游女。有小儿家，不可露衣物。此鸟夜飞，以血点之，儿辄病痫。又有鬼车鸟，能入人家，收人魂气。"传说中，鬼鸟会把血滴在小孩的衣服上，孩子就会患病。鬼车鸟入人家，能收人的魂气。那么百姓如何对付呢？据唐朝韩鄂《四时纂要》中记载，"正月夜多鬼鸟度，家家槌床打户，挼狗耳，灭灯烛以禳之"，可见这种习俗是为了消灾解难，祈盼家人平安。

《四时纂要》中还记载了人日的一个有趣的习俗："凡无子者，夫妻同于富人家盗灯盏，安于床下，则当月有孕矣。"人们偷盗灯盏藏在床下，就能怀孕？这真是天方夜谭的事情，在古代有人会信以为真，就当是他们的一个美好期许吧。

天子赐葛衣，彩丝长命缕：端午恶日变佳节

端午节是我国的传统节日，关于它的起源，有一种"恶日"的说法。《礼记》中记载："是月也，日长至，阴阳争，死生分。"人们认为，五月"阴阳争，死生分"，是阴阳调和的关键时节，会出现瘟疫和疾病。但是在唐朝，端午节已经成为一个欢腾的节日，人们在端午节期间会进行许多庆祝活动，极其欢乐。

龙舟竞渡是端午节的主要娱乐项目。相传，龙舟竞渡是为了纪念屈原，但是在屈原去世之前，就有龙舟竞渡的习俗了。比如《越地传》中说："竞渡之事起于越王勾践，今龙舟是也。"不过唐人还是喜欢将其与屈原连在一起，唐朝刘𫗧《隋唐嘉话》中记载："俗五月五日为竞渡戏，自襄州已南，所向相传云：屈原初沉江之时，其乡人乘舟求之，意急而争前。后因为此戏。"

在唐朝，龙舟竞渡的盛况被很多诗人写于诗作中。卢肇作有《竞渡诗》来描写现场的盛况："冲波突出人齐𠺕，跃浪争先鸟退飞。向道是龙刚不信，果然夺得锦标归。"通过这首诗，可以窥见划龙舟的健儿们热情飞扬，激情四射，竞争场面激烈又紧张。

唐朝诗人殷尧藩《七律·端午》中有"不效艾符趋习俗，但祈蒲酒话升平"，指出了唐人端午节采艾蒿、饮菖蒲酒的习俗。孙思邈在《千金月令》中也写道："端五，以菖蒲或缕或屑以泛酒。"

唐朝也吃粽子，唐人也称粽子为"角黍"。《文昌杂录》中记载："唐岁时节物……五月五日则有百索粽子。"可见吃粽子已经成为唐朝端午节的定制。《唐会要》中记载了一件有趣的事情，唐高宗问宰相许敬宗，五月五日过节是因为什么而来的。许敬宗回答："《续齐谐记》记载，屈原在五月五日投汨罗江而死，楚国人为了纪念他，每到此日，就拿竹筒贮米投水祭奠。到了汉朝建武年间，长沙人欧回在白天遇到一个自称是'三闾大夫'的人，说百姓投江的竹米大多都被蛟龙给偷吃了，请把楝树叶塞到竹筒上，再用五彩丝线捆住，这样蛟龙就不敢再吃了。从此以后，人们就在五月五日这天裹粽，并带楝叶与五彩丝，这些都是汨罗遗风。"这也从侧面说明了吃粽子已经是端午节的习俗了。

　　要说最讲究的粽子，还得看宫廷里的。《开元天宝遗事》中记载："宫中每到端午节，造粉团角黍贮于金盘中，以小角造弓子，纤妙可爱。架箭射盘中粉团，中者得食，盖粉团滑腻而难射也。都中盛于此戏。"用现在的流行用语"城会玩"来称赞宫廷端午，真的是再合适不过了。做小小的粽子，还要将它当作靶心，让人来射，射中的便可以吃，但是"粉团滑腻而难射也"。

　　另外，皇帝在这日还会赏赐大臣葛衣和长命缕。长命缕是用五彩丝线做的，《风俗通义》中记载："五月五日，赐五色续命丝，俗说以益人命。"长命缕代表着长寿的祝福。葛衣是什么样的呢？杜甫曾经收到过皇帝赐的葛衣，便作了一首《端午日赐衣》："宫衣亦有名，端午被恩荣。细葛含风软，香罗叠雪轻。自天题处湿，当暑著来清。意内称长短，终身荷圣情。"葛衣材质轻薄柔软，还能消暑避湿，因为是皇帝恩赐的，所以这件夏衣对杜甫来说格外珍贵。

长安城中月如练，家家此夜持针线：七夕不等于情人节

　　相传每年的七月初七，牛郎和织女都相会于鹊桥。这也是他们一年之内仅有的一次见面，所以格外珍贵。为了纪念这一天，人们将七夕视为情人节。其

七夕密誓　徐操
此画取材自白居易的《长恨歌》，讲的是唐玄宗和杨贵妃的爱情故事。唐玄宗于七夕之夜在长生殿对着牛郎织女星密誓永不分离，是《长恨歌》中"七月七日长生殿，夜半无人私语时"的由来。

实在唐朝，人们并不把七夕看作情人节。在唐朝，七夕是乞巧节，人们在这一天要进行"乞巧"活动，因为参与者多为女人，所以又被称为"女儿节"。

"阑珊星斗缀珠光，七夕宫娥乞巧忙。"七夕这一天，女子会参拜月亮，摆上供品，诉说自己的愿望。《荆楚岁时记》中记载："七月七日为牵牛织女聚会之夜。是夕，人家妇女结彩缕，穿七孔针，或以金银鍮石为针，陈瓜果于庭中以乞巧。"在月光的映衬下，女子穿针引线，祈盼自己能够获得巧智或愿望早日实现。有些女子非常虔诚，甚至会在庭院中坐一夜祈祷。《七夕乞巧诗》中说："七夕佳人喜夜情，各将花果到中庭。为求织女专心座，乞巧楼前直至明。"在这一天，女子们是多么精心地准备啊，这是属于她们的节日，这天的月色承载了她们小小的愿望。她们的活动空间有限，但方寸之地也要有很大的期许，我们怎能不为她们的祈愿所感动，为她们的韧性所叹服。

还有一种蛛丝卜巧的方式，就是

带着指南回大唐

将捉来的蜘蛛在盒子里放一夜，然后看蜘蛛结的网如何，以此来判断乞巧是否成功。《开元天宝遗事》中记载，唐玄宗和杨贵妃于七夕"在华清宫游宴"，宫女们进行乞巧活动，"陈瓜花酒馔列于庭中，求恩于牵牛、织女星也。又各捉蜘蛛闭于小合中，至晓开视蛛网稀密，以为得巧之候，密者言巧多，稀者言巧少。民间亦效之。"唐玄宗还在华清池盖了一座高百尺的"乞巧楼"，能坐下数十人。

织染署的宫人乞巧十分别致，《新唐书》中记载："织染署每七月七日祭杼。"他们一定是希望可以像织女一样拥有高超的技巧。

除此之外，七夕还有曝衣①的风俗。沈佺期在《七夕曝衣篇》中写道："宫中扰扰曝衣楼，天上娥娥红粉席。曝衣何许曛半黄，宫中彩女提玉箱。珠履奔腾上兰砌，金梯宛转出梅梁。"将宫女们晾衣服的场面形象地展现出来，从中也可以看出她们晒出的衣服十分名贵，绝大部分应该是给宫中贵人们晒的。

七夕，除了告白，人们能做的，还有很多。

遍插茱萸少一人，此人正在宫里行"射礼"呢

农历的九月初九是重阳节。汉代刘歆在《西京杂记》中记载："九月九日，佩茱萸，食蓬饵，饮菊花酒，云令人长寿。"唐朝的重阳节延续了汉朝的传统。《文昌杂录》中记载，唐岁时节物中，"九月九日则有茱萸、菊花酒、糕"，在重阳节那天，佩戴茱萸、吃蓬糕、喝菊花酒是唐人必做的事情。

登高是重阳节的传统习俗。据说这一习俗起源于一个叫恒景的人。《续齐谐记》中记载，恒景向费长房学道，费长房告诉他九月初九会有一场大灾，登高饮菊花酒、佩戴茱萸就可以化解灾难。恒景按照费长房所说的做了，果然性命

---

①曝衣：晒衣服。

无虞。而没按照要求做的牲畜，都惨死了。从此，登高、饮菊花酒、佩戴茱萸的传统就被沿袭了下来。

唐人的诗作中有不少是关于重阳节的。例如，杜甫在《九日蓝田崔氏庄》中有"明年此会知谁健，醉把茱萸仔细看"之句，孟浩然在《过故人庄》中有"开轩面场圃，把酒话桑麻。待到重阳日，还来就菊花"之句，王维《九月九日忆山东兄弟》中有"遥知兄弟登高处，遍插茱萸少一人"……

为了庆祝传统节日，宫廷里非常热闹，会举行"射礼"活动。唐朝《通典》中记载："大唐之制……三月三日、九月九日，赐百僚射。"在这天，皇帝会亲自上阵。《太平广记》中记载，在唐玄宗天宝十三载（754年）的重阳日，唐玄宗猎于沙苑，"时云间有孤鹤徊翔。玄宗亲御弧矢中之"。由此可见，唐玄宗的箭法是非常好的。《大唐开元礼》中记载："其射人多少，临时听进止，若九品以上俱蒙赐射，则六品以下后日引射，所司监之。"也就是说，九品以上的官员都会获得赐射，但是六品以下的官员，往往不能在皇帝亲射之日行射礼。

为什么唐朝如此重视射礼呢？在《新唐书》中，源乾曜的一番话给出了答案："古之择士，先观射礼，非取一时乐也。夫射者，别邪正，观德行，中祭祀，辟寇戎，古先哲王莫不递袭。"意思是，古人择士，先观察射礼，并不是为了一时取乐。行射礼的人，为的是辨别正邪、观察德行、履行祭祀、退避敌寇，古代的先哲都沿袭这一习俗。不过从源乾曜"比年以来，射礼不讲，所司咻费，而旧典为亏"之句可以看出，射礼并非始终贯穿整个唐朝，也因为巨大的花销曾有过废弛。

现如今，生活节奏加快，很多人都忽略了重阳节这一传统节日。其实寻访先人足迹、寻味旧时重阳是十分有意义的。为何不在这一日邀上三五好友，登高赏景，来一场户外游。只要兴之所至，也能体会到孟浩然笔下"何当载酒来，共醉重阳节"的闲适与潇洒。

唐玄宗的生日，大家一起过

唐朝要论过生日最隆重的，还属唐玄宗李隆基的生日。因为别人的生日属于小范围的庆祝，而唐玄宗的生日达到了普天同庆的程度。据《唐会典》中记载，在开元十七年（729年）八月初五，也就是唐玄宗的生日这天，左丞相源乾曜、右丞相张说等上奏："请以是日为千秋节（后改'天长节'），著之甲令，布于天下。"从此，八月初五成为唐朝的法定假日。

那么，如何庆祝呢？据《旧唐书》中记载："（开元十七年）八月癸亥，上以降诞日，宴百僚于花萼楼下。百僚表请以每年八月五日为千秋节，王公已下献镜及承露囊，天下诸州咸令宴乐，休假三日，仍编为令，从之。"唐玄宗在花萼楼下宴请百官，还要赏赐金镜给百官，这些镜子又被称为"千秋镜"，天下诸州都要进行宴饮活动庆祝，还要休假三天。具体的庆祝细则还写进了《大唐开元礼》中，八月初五这天就成为唐朝的"国庆节"。

《唐会要》中记载得更为详细，不光有大场合的宴饮、大规模的歌舞表演，还有隆重的仪仗队伍，"其日未明，金吾引驾骑，北衙四军陈仗，列旗帜，被金甲……"还会上演精彩的表演，"太常设乐；教

唐李寿墓乐舞壁画（残）乐队

坊大陈山车、旱船、走索、丸剑、杂技、角抵、百戏，又引上百匹大象、犀牛、舞马隆饰入场为戏"。既有杂技，也有马戏，表演项目真是丰富多彩。

更有意思的是，唐玄宗之后的皇帝也把自己的生日当回事，于是就有了唐肃宗的"地平节"、唐宪宗的"降诞节"、唐文宗的"庆成节"、唐武宗的"庆阳节"等。

盛世排盛宴，等到唐朝走下坡路时，人们对千秋节、天长节只能饱含无穷的回味与留恋，而不能再次复制当初的辉煌了。杜甫在《千秋节有感》中写道："自罢千秋节，频伤八月来。先朝常宴会，壮观已尘埃……宝镜群臣得，金吾万国回。衢尊不重饮，白首独余哀。"过去的种种，都已被雨打风吹去，昔日壮观已成尘埃，只能独自哀叹。

除了杜甫之外，还有很多诗人表达了同样的悲哀与感叹，比如戎昱在《八月十五日》中写道："忆昔千秋节，欢娱万国同。今来六亲远，此日一悲风。年少逢胡乱，时平似梦中。梨园几人在，应是涕无穷。"当初的千秋节庆祝得有多隆重、多豪华，如今内心的凄怆就有多悲哀、多深沉。

第十二章

王者无外：
长安大门常打开，
迎接四方来客

胡人印象：不仅识宝，还带来了一抹独特的胡风亮色

胡人似乎总和宝珠有密切的关联。《太平广记》中记载，一位波斯商人在扶风看中一块方石，花钱买下后，将石头劈开，发现里面有一颗价值连城的宝珠。《唐语林》中记载，兵部李约员外和一个胡商在船上相识。胡商病重，就将他的两个女儿托付给了李约，还给了他一颗宝珠。等到胡商去世后，李约就把胡商的金银财宝移交给了官府，只求取了胡商的两个女儿。等到胡商入殓时，李约将那颗宝珠放在胡商的口中。后来，胡商的亲属来料理资财，让有司发掘胡商的棺椁，果然发现了这颗珠子。"其密行皆此类也。"胡商与宝珠的故事大抵都是这一类的故事。

《资治通鉴》中记载，唐太宗说："我听说西域有个胡商得到了珍贵的宝珠，就剖开肚皮藏在里面，再带到长安来，有没有这回事？"侍臣回答："有这回事。"唐太宗说："人们都知道笑胡商之爱珠而不爱其身也。"作为励精图治的君王，他还引申，"吏受赇抵法，与帝王徇奢欲而亡国者，何以异于彼胡之可笑邪！"意思是，官员贪污受贿和帝王奢侈纵欲亡国，都和胡商剖身藏珠是一个道理。

唐朝将这些胡商统称为"蕃客"。他们不仅带来商品，还带来了他们民族的艺术和文化在唐朝，唐人穿胡服、化胡妆是十分正常的一件事。元稹在《和李校书新题乐府十二首·法曲》中写道："女为胡妇学胡妆，伎进胡音务胡乐。"意思是，女人都愿意学习胡人的装扮，歌妓都愿意学习胡乐，足见胡人文化的

影响力。

有些胡人甚至凭借精湛的技艺冠绝大唐。唐朝《乐府杂录》中记载了胡人康昆仑与一女郎斗艺的事情。贞元年间，"始遇长安大旱，诏移两市祈雨"。康昆仑表示自己要演奏《录要》，一女郎表示自己也要弹奏此曲。女郎"及下拨声如雷，其妙绝入神"。康昆仑听后大为惊叹，要拜女郎为师。女郎更衣出来，竟是一个僧人，原来是"西市内豪族厚赂庄严寺僧善本（俗姓段）"以求取胜利。

第二天，唐德宗召见他们二人，要求段师教授康昆仑。康昆仑展示了一下，段师说："本领何杂？兼带邪声。"康昆仑非常吃惊，赶紧说："段师神人也！臣少年初掌艺时，偶于邻舍女巫授一品弦调，后乃易数师。"转易多师的康昆仑学艺不精。于是段师说："遣昆仑不近乐器十余年，使忘其本领，然后可教。"于是，康昆仑遵照段师的要求，十年不碰乐器，将所学的都忘了，再跟随段师学琵琶，最后"尽段师之艺也"，也成为技艺高超的琵琶手。

除此之外，胡人也将习俗带到了长安城。比如"泼寒"，就是冬季人们骑着马，裸着身体，相互泼水为乐，与傣族的泼水节相似。《旧唐书》中记载："自则

步辇图（局部） 唐 阎立本

天末年，季冬为泼寒胡戏，中宗尝御楼以观之。"泼寒表演甚至成为文艺表演的一部分，唐中宗喜欢观看，"乙酉，令诸司长官向醴泉坊看泼胡王乞寒戏。"

唐人的婚俗也受到胡人的影响，比如《封氏闻见记》中记载唐朝的婚俗："障车、下婿、观花烛及却扇诗；并请依古礼见舅姑于堂上，荐枣栗腵（一作"脯"）脩，无拜堂之仪。又，毡帐起自北朝穹庐之制，请皆不设，惟于堂室中置帐以紫绫幔为之。""毡帐"就是受胡风影响形成的。

《资治通鉴》中记载，唐太宗时期，太子李承乾"好效突厥语及其服饰，选左右貌类突厥者五人为一落，辫发羊裘而牧羊，作五狼头纛及幡旗，设穹庐，太子自处其中，敛羊而烹之，抽佩刀割肉相啖"。由此可见，太子李承乾胡化很深。

在长期的民族交流中，一位普通唐人的身上很难完全不沾染胡风。饥饿吃胡饼，醉酒入胡肆，笑看胡旋舞，出行着胡妆。不可否认，胡风给盛世大唐带来一抹亮色。

在唐朝的丝绸之路上闲逛，你会遇到谁

"边城暮雨雁飞低，芦笋初生渐欲齐。无数铃声遥过碛，应驮白练到安西。"唐人张籍写了一首《凉州词》，丝绸之路上骆驼队缓缓前进的景象跃然纸上，我们好似看到悠长的路上，商人们不畏艰难、不避辛苦，艰难地跋涉着。

他们将香料、家畜、矿石，甚至外蕃奴隶带到长安进行贸易，再将茶叶、瓷器等物品运送到西域、阿拉伯、波斯以及其他西亚国家。这些胡人要想在大唐畅通无阻，必须去办理大唐的护照——"过所"。办理过这道手续后，除了违禁品，胡人可以自由从事商贸活动。违禁品都包括什么呢？按照《唐律疏议》中"赍禁物私度关"一条规定："锦、绫、罗、縠、绸、绵、绢、丝、布、牦牛尾、真珠、金、银、铁，并不得度西边、北边诸关，及至缘边诸州兴易。"开元元年（713年），唐朝规定："金铁之物，亦不得将度西北诸关。"除此之外，唐朝还出台过一些规定，多半是禁止将金属、马匹等带出唐境，这主要出于政治军事方面的考量，不能将可作为军备的物资流到外族，避免增强他们的战斗力。

唐朝的对外商贸还会通过海上丝绸之路进行。唐朝设立"市舶使"这一官职来专门负责对外贸易，尤以海上贸易为主。唐文宗时《太和八年疾愈德音》中记载："其岭南、福建及扬州蕃客，宜委节度观察使常加存问，除舶脚、收市、进奉外，任其来往通流，自为交易，不得重加率税。"意思是，只收取舶脚、收市、进奉的物品和钱财，有司不得增加其他苛捐杂税。其中"舶脚"是指唐朝征收的"下碇税"，就是船只停泊靠岸征收的税。"收市"是指对于商人贩卖的物品，唐朝官府有优先购买权。官府挑选商品后，其余的商品再流入民间。"进奉"是指商人向皇帝进贡的产品。

有些胡商则干脆住在了长安城。李商隐在《杂纂》中有"不相称"的记载："先生不甚识字，贫斥使人，穷波斯，不解饮弟子，瘦人相扑，社长乘凉轿，瘦杂职，病医人，老翁入娼家，屠家念经，肥大新妇。"因为"不相称"，波斯商人不可能穷，而是富得流油。

"九天阊阖开宫殿，万国衣冠拜冕旒。"丝绸之路上除了这些商人，还有前往长安的使节、僧人、留学生、艺人、昆仑奴等。笼统地说，昆仑奴是人贩子将东南亚地区的人卖到大唐来做奴隶的人，当然也包括部分阿拉伯等地的黑人。《旧唐书》中记载："自林邑以南，皆卷发黑身，通号为'昆仑'。"张籍在《昆仑儿》一诗中描绘了昆仑奴的形象："昆仑家住海中州，蛮客将来汉地游。言语解教秦吉了，波涛初过郁林洲。金环欲落曾穿耳，螺髻长卷不裹头。自爱肌肤黑如漆，行时半脱木绵裘。"意思是，昆仑奴戴着大耳环，头发卷卷的，肌肤黑黑的，一般劳作时衣服半脱。

丝绸之路带来的不只是产品，更多的是文化的交流。兼容并包的大唐以宽广的胸怀欢迎四方来客。

没有护照？玄奘与鉴真的"偷渡"人生

在吴承恩的长篇小说《西游记》中，唐僧由唐太宗钦定，委派他到西天大雷音寺取经。唐僧经过九九八十一难方才取得真经，修成正果。然而在现实生活中，玄奘去天竺取经，非但没有得到唐太宗的支持，他还是偷偷跑去的。

玄奘曾经在荆州、扬州、长安等地求法，还和印度僧人有过交往，听说了那烂陀寺讲学的盛况，于是萌生了去天竺求法的想法。贞观三年（629年），玄奘在未被官方允许的情况下，踏上了取经的道路。玄奘一路上风餐露宿，踽踽独行，最终到达了理想之地——天竺。

高僧鉴真也和玄奘一样有过"偷渡"的经历，与玄奘求法不同的是，鉴真是要东渡日本传教。在日本僧人荣睿、普照二人的请求下，鉴真决意前往日本弘扬佛法。在唐朝，东渡日本并不是那么容易的事，在航海技术不够发达的唐朝，发生海难船毁人亡的概率非常大。他的弟子祥彦劝他说："彼国太远，性命难存，沧海淼漫，百无一至。"而鉴真却异常坚定，他说："是为法事也，何惜身命？"

鉴真的东渡之路困难重重，他进行了五次东渡都以失败告终，有一次甚至危及性命。这几次的折磨也让鉴真身心俱疲。常人都以为鉴真不可能再东渡弘扬佛法了，没想到他还在积极筹备第六次东渡。幸运的是，日本遣唐使藤原清河听说了鉴真的事迹，决定帮助他一起出海前往日本。藤原清河在请求唐玄宗得到拒绝后，亲自找到鉴真，商讨东渡事宜。

官府和众僧都害怕鉴真丧命于大海，便对他严加看护。但他最终还是乘坐一叶小舟到达扬子江江边，准备前往日本。临行前，有二十四位沙弥听说了此事赶来送别鉴真，场面相当感人。之后鉴真一行历经千难万险，终于到达日本。

玄奘和鉴真为了信仰舍生忘死，执着的精神令人敬仰。在唐朝，要像他们二人一样，没有得到官府的同意，就踏上去往异国他乡的道路，是被允许的吗？

玄奘像

先看玄奘偷渡的证明。与《西游记》中所说的"通关文牒"差不多，唐人要想出入也需要办理"过所"。如果没有，就会被视为偷渡。据《大慈恩寺三藏法师传》中记载："时国政尚新，疆场未远，禁约百姓不许出蕃。时李大亮为凉州都督，既奉严敕，防禁特切。有人报亮云：'有僧从长安来，欲向西国，不知何意。'亮惧，追法师问来由。法师报云：'欲西求法。'亮闻之，逼还京。"从凉州都督李大亮"逼还京"的事迹可以看出，玄奘没有过所，属于偷渡。

等到玄奘回到长安，大唐为其举办了隆重的欢迎仪式。"贞观十九年春正月景子，京城留守左仆射梁国公房玄龄等，承法师赍经像至。乃遣右武侯大将军侯莫陈寔、雍州司马李叔慎、长安县令李乾祐等奉迎。"这时，唐太宗问："师去何不相报？"玄奘回答："玄奘当去之时，已再三表奏。但诚愿微浅，不蒙允许。无任慕道之至，乃辄私行。专擅之罪，唯深惭惧。"意思是，他报告了几次，但是都不被允许，所以才私下行动。唐太宗也表示理解："师出家与俗殊隔，然能委命求法惠利苍生。"虽然玄奘是偷渡出关，但结局还是非常圆满的。

鉴真的行为在当时是违背《唐律疏议》的。如果没有玄奘和鉴真那样有如此坚定的决心与伟大的信念，还是老老实实的，走正规途径出境吧。

《卫禁律》中"越度缘边关塞"一条规定："诸越度缘边关塞者，徒二年。共化外人私相交易若取与者，一尺徒二年半，三疋加一等，十五疋加役流。"

唐朝对于偷渡的人，会施以严厉的惩罚。其中偷渡国境的人，犯罪更深。"但以缘边关塞，越罪故重。"偷渡边塞，极有可能是间谍，或者是私下里买卖兵器，这都会对唐朝的统治构成一定的威胁，惩罚也更重。为了保证边境的安宁，唐人不可以私下与胡人缔结婚姻。因为有关法律规定："私与禁兵器者，绞；共为婚姻者，流二千里。"《擅兴律》中"征讨告贼消息"一条规定："诸密有征讨，而告贼消息者，斩；妻、子流二千里。其非征讨，而作间谍；若化外人来为间谍；或传书信与化内人，并受及知情容止者，并绞。"与此同时，若有人犯法，有关人员还要承担连带责任。"诸缘边城戍，有外奸内入，谓非众成师旅者。内奸外出，而候望者不觉，徒一年半；主司，徒一年。谓内外奸人出入之路，关于候望者。"所以边境的管理者也会严密监视，不让人偷摸过关。

为了自己的生命安全，在唐朝最好还是做一个遵纪守法的人，想偷渡？当心被当作间谍抓起来。

外国留学生在唐朝有多"爽"

强盛的大唐王朝，万邦来朝。许多国家纷纷派遣留学生来唐朝学习。据《旧唐书》中记载："俄而高丽及百济、新罗、高昌、吐蕃等诸国酋长，亦遣子弟请入于国学之内。鼓箧而升讲筵者，八千余人。济济洋洋焉，儒学之盛，古昔未之有也。"据《唐语林》中记载："太学诸生三千员，新罗、日本诸国皆遣子入朝受业。"

这些外国留学生来到大唐，在最高学府国子监学习，接受一流的教育。而且吃穿不愁，吃穿住宿均有鸿胪寺负责。《唐会要》中记载，开成元年（836年）六月，发布了这样的敕令："准新罗王子金义宗等二人上学，衣粮准例支给。""准例"说明这是旧例。对于书本及其他费用，则由生源国承担，比如朝鲜史书《东史纲目》中称："买书银贷则本国支给。"这些来留学的学生，是妥妥的公费留学。但是中唐以后，由于国力衰弱，留学生的待遇也有所下降，用刘禹锡的话讲："非学官不欲振学也，病无赀财以给其用。"日本僧人空海在《为橘学生与本国使启》中表示："所给衣粮，仅以续命，不足束脩、读书之用。"尽管如此，留学生也能享受到留学前本国赏赐给他们的赠品和钱资，顺利学习还是没有问题的。

学习方面，留学生会与国子监中的大唐学子一起学习。唐朝的国子监分为西监和东监，西监在长安，东监在洛阳。除了修习经籍文史、书学、律学、算学等知识外，他们还要面对旬考、岁考、毕业考等考试。

学满一定的期限后，学生可以回国。《旧唐书》中记载："质子及年满合归国学生等共一百五人，并放还。"但是学生不可以私自回国，需要提交申请，获得允许后才能回去。也有学子是学有所成才回国，比如奈良朝著名政治家吉备真备，随第八次遣唐使入唐留学。他天资聪颖，在大唐学习十多年，研习了兵法、法律、历法、建筑、天文等知识。

唐朝对参加进士考试的留学生，还会给予一定的优待——设置"宾贡科"选拔留学生在大唐做官。需要注意的是，这个考试是留学生内部的竞争，大唐士子考试做官是另一个榜单了。

日本留学生阿倍仲麻吕在唐期间，结识了不少朋友，如王维、李白、储光羲等。阿倍仲麻吕有一个中国名字叫晁衡。《旧唐书》中记载，他"慕中国之风，因留不去，改姓名为朝衡，仕历左补阙、仪王友。衡留京师五十年，好书籍。放归乡，逗留不去"。

其实不是阿倍仲麻吕不愿意离去，而是未被允许离开。此时他的心情可以用他的诗作《思归》来表达："慕义名空在，输忠孝不全。报恩无有日，归国定何年？"从开元五年（717 年）启航，直至天宝十二载（753 年），晁衡才跟随遣唐使藤原清河的队伍，得以回到自己的故乡。

临走之前，晁衡的许多朋友都来为他践行，王维还写了一首诗《送秘书晁监还日本国》来送别友人：

积水不可极，安知沧海东。九州何处远，万里若乘空。

向国唯看日，归帆但信风。鳌身映天黑，鱼眼射波红。

乡树扶桑外，主人孤岛中。别离方异域，音信若为通。

和他们一起去日本的，还有鉴真大师。航船在大海上遇到风暴，很多人都以为晁衡遇难了。李白感到十分悲痛，还写了一首《哭晁卿衡》来纪念他：

日本晁卿辞帝都，征帆一片绕蓬壶。

明月不归沉碧海，白云愁色满苍梧。

天宝十四载（755 年），晁衡再次从日本来到长安，他的朋友们为再次见到他而开心不已。这次回到长安，他再也没有离开，直至老死。晁衡是大唐睦邻友好、兼容并包的见证者。

胡人在长安的十二时辰：尽享特权，乐不思归

唐朝是一个兼容并包的民族，唐太宗曾说："自古皆贵中华，贱夷狄，朕独爱之如一，故其种落皆依朕如父母。"很多外国人生活在长安，乐不思归。傅乐成先生曾指出："盖自太宗贞观四年至玄宗天宝四载之一百一十五年间，外族为唐所俘或降附唐室因而入居中国者，达一百七十万人以上，包括突厥、铁勒、高丽、吐蕃、党项、吐谷浑以及西域诸国之人。"就拿突厥一族来说，据《资治通鉴》中记载，贞观四年（630 年），唐灭突厥，"其余酋长至者，皆拜将军、中郎将，布列朝廷，五品已上百余人，殆与朝士相半，因而入居长安者近万家"。

傅乐成先生曾说："此外来华经商传教者，亦极众多。波斯、大食以及西域贾胡等，遍及广州、洪州、扬州诸地。而新罗及仑昆等种人，多为国人用为奴

隶。"甚至一些胡人，在唐朝担任重要将领。"高宗武后之世，异族将才之盛，不减贞观，如黑齿常之、李多祚、泉献诚、论弓仁等，皆其杰也。此种现象，愈演愈烈，至玄宗天宝，遂委异族以方面之任，沿边十节度，率为胡人矣。"

许多胡商在大唐赚得盆满钵满。其中有经营酒店生意的，"落花踏尽游何处，笑入胡姬酒肆中"，李白大概是经常光顾胡人创办或者有胡姬当垆卖酒的酒楼。

还有从事放贷生意的人，《全唐文》中记载了一条禁令："禁与蕃客交关诏，如闻顷来京城内衣冠子弟及诸军使并商人百姓等多有举诸蕃客本钱，岁月稍深，征索不得，致蕃客停滞市易，不获及时。"禁止从胡人那儿借贷，也从反面印证了向胡人借贷的现象并不鲜见。安禄山造反作乱筹措经费，也打起胡人的主意，"潜于诸道商胡兴贩，每岁输异方珍货计百万数。"

对于外国的使者，唐朝也以礼相待。设置部门专门负责管理胡人事务，比如鸿胪寺和"掌诸藩朝见及二王后代子孙等事"的礼部主客司等机构。外国的使者来到大唐，首先要由鸿胪寺验身份。身份证明是"铜鱼"，如果雌雄相合，便可以证明是外国正规出使的使者。《唐会要》中记载："西蕃诸国通唐使处，悉置铜鱼。雄雌相合，各十二只，皆铭其国名，第一至十二。雄者留在内，雌者付本国。如国使正月来者，赍第一鱼，余月准此，闰月赍本月而已，校其雌雄合，乃依常礼待之。差谬，则推案闻奏。"等到证明了"使者"的身份后，要根

职贡图　唐　阎立本

据身份地位按照不同的礼节接待，即"凡四方夷狄君长朝见者，辨其等位，以宾待之"。使者到唐后，无论是接受进贡的物品、呈递文书，还是处理胡人的案件，都是由鸿胪寺负责的。

李泌做宰相时，发现一些使者竟然滞留长安数十年之久。《资治通鉴》中记载："初，河、陇既没于吐蕃，自天宝以来，安西、北庭奏事及西域使人在长安者，归路既绝，人马皆仰给于鸿胪。礼宾委府、县供之，于度支受直。度支不时付直，长安市肆不胜其弊。"这些滞留的使者吃穿用度都归鸿胪寺管，礼宾院又委托京兆府及所属赤县畿县供养他们到度支领钱。国家不堪重负，度支不能按时付钱，长安城的酒肆店铺也挺烦他们，因为负担都很沉重。

李泌知道这些人中，有的甚至留在长安长达四十多年，"皆有妻子，买田宅，举质取利，安居不欲归"，就下令停止供给有田宅的胡人。这些人大概有四千人，他们被停了供给就向朝廷告状。李泌说："此皆从来宰相之过，岂有外国朝贡使者留京师数十年不听归乎！"从来没听说使者留京师数十年不回国，李泌给了他们两个选择，要么"假道于回纥，或自海道各遣归国"，要么"当于鸿胪自陈，授以职位，给俸禄为唐臣"。就是要么回国，要么就在唐朝任职。结果，"胡客无一人愿归者"。于是李泌就给他们安排活，"泌皆分隶神策两军，王子、使者为散兵马使或押牙，余皆为卒，禁旅益壮"。王子、使者能当个小统领，其他的人员都是普通士族。所以在大唐，要是看见一个外国人在站岗，不必觉得稀奇，说不定他就是哪个国家的王子呢。

第十三章

银鞍白马度春风：
回到唐诗现场

人生只求快意恩仇：李白的肆意与苦闷

李白以雄浑瑰丽的诗句、放浪形骸的行迹，以及别人对其十足的吹捧，成为大唐盛世的领军人物。范传正在《李翰林白墓志铭》中记载，唐玄宗游幸白莲池，兴致正浓的他想到李白定能写出美妙的纪游。而此时李白已喝得烂醉如泥，于是唐玄宗就让高力士搀扶着登船去看李白。能让皇帝有如此举动的李白，真是"优宠如是，布衣之遇，前所未闻"。李白自是潇洒恣肆，"天子呼来不上船，自称臣是酒中仙"。李白不上船，也不想上船。

李白，字太白，号青莲居士。据《开元天宝遗事》中记载："李白嗜酒不拘小节，然沈酣中所撰文章，未尝错误，而与不醉之人相对议事，皆不出太白所见，时人号为醉圣。"有如此才华的李白却并不单单想做一个翰林待诏，他在《代寿山答孟少府移文书》中说自己："申管晏之谈，谋帝王之术，奋其智能，愿为辅弼，使寰区大定，海县靖一。"他的志向是做宰相之类的大官，可以为江山社稷出谋划策，贡献力量。正如范传正所说，他是"骐骥筋力成，志在万里外"，又怎会甘心沦为皇上的诗词陪同呢？所以面对天子的征召，李白不想上船，或者他想上的根本不是这样的一条船。

李白写了许多狂放的诗，将自己描述成剑客、饮者、仙人等，仿佛他在，浪漫就在，但浪漫只不过是李白人生重要的基调之一。浪漫的背后，是无限的落寞与伤情。开元十三年（725 年），李白开始"仗剑去国，辞亲远游"。司马承祯称赞李白"有仙风道骨，可与神游八极之表"。但是李白除了有被赞叹或自我赞叹的狂放浪漫的一面，还有数不尽的黯淡时刻。比如他感慨自己壮志未酬："行路难，行路难，多歧路，今安在？"纵然如此，他还是不断地激励自己，以乐观的心态看待前景，"长风破浪会有时，直挂云帆济沧海"。

李白出生于商人家庭，无缘于科考。他结交贺知章、李适之等名流，入赘没落贵族家中，都是在为他一展宏图大志而谋划着。但是他政治敏锐性不高，很快就因得罪他人被排挤出朝廷，落得个"群沙秽明珠，众草凌孤芳"的境遇。其实就连对他赏识有加的唐玄宗，也只不过将他当作可以写诗供娱乐的人。李阳冰在《草堂集序》中讲述了唐玄宗对李白的礼遇："降辇步迎，如见绮皓。以七宝床赐食，御手调羹以饭之。"但唐玄宗仍看不起李白，说他"此人固穷相"，从始至终都没有把李白看作政治人才。

"安能摧眉折腰事权贵，使我不得开心颜"，李白又踏上远离长安的征程。安史之乱后，李白想要一展雄心抱负，投入永王李璘的阵营。"但用东山谢安石，为君谈笑静胡沙。"他以为自己终于可以实现人生抱负了，但没想到这是一次错误的站队。因为此时太子李亨已经在灵武继位，是为唐肃宗，唐玄宗则成为太上皇。永王李璘的起兵被唐肃宗看作"叛逆"，很快就受到了镇压。李白因此受到牵连，被判流放夜郎，落得个杜甫所说的"世人皆欲杀"的地步。

难以想象，以为自己有一线生机的李白却落入更大的囹圄中，他该有多么失望和伤心，此时被放逐的不仅是他的身体，还有一颗破碎

太白醉酒图　清　改琦

的心。此时李白已经五十八岁，蹉跎了前半生的他只能无奈地呼号"夜郎万里道，西上令人老"。风烛残年，心力衰竭，是李白的真实写照。

好在，李白很快遇到了大赦天下，此时的他内心极为愉悦："两岸猿声啼不住，轻舟已过万重山。"他再次踏上征程，寻访古迹，发思古之幽情。不过李白千金散尽并没有"还复来"，而是依靠朋友的接济生活。

上元二年（761年），李白已步入花甲之年，重病缠身的他不得不投靠自己的族叔李阳冰。宝应元年（762年），李白赋《临终歌》而后驾鹤西去，留给世人无尽的想念与遗憾。

李白的生命在流放夜郎事件后迅速燃烧，直至黯淡，很难让人不产生这样的联想：是不是李白的心劲都在此次事件中消耗光了，所以才会迅速黯淡。世人太爱李白了，将他的死也冠以浪漫之名。《旧唐书》中记载，李白"以饮酒过度，醉死于宣城"，民间传说李白醉后入水中捞月而亡，将李白的死竟然描述成诗意的。

回看李白的一生，始终是充满人情味的。李白在《上安州裴长史书》中写道："东游维扬，不逾一年，散金三十余万，有落魄公子，悉皆济之。"千金散尽的他，在生命的最后几年要依靠他人的接济；他始终是旷达的，面对流逝的岁月，他高呼"人生得意须尽欢，莫使金樽空对月"，但是他也不得不承受"拔剑四顾心茫然"的凄凉与迷惘；他始终是蔑视权贵的，力士脱靴、贵妃捧砚，他又怎能摧眉折腰事权贵呢？但是他还是希望"愿君侯惠以大遇"。

李白用一生的时间践行了追梦人的心路历程。虽然他屡屡"进阶"，却屡屡碰壁，但已然壮心不改，九死不悔。虽然被鞭笞的背后是阵阵落羽，但李白没有沉溺在伤情中难以自拔，而是以超然的心态面对残忍的现实，既是旷达，也是无奈。在追梦的过程中，他的点滴积累已经为他筑起城墙，他的身姿已经足够挺拔，名声超越了盛唐所有的出将入相的人物。余光中先生曾称赞李白："酒入豪肠，七分酿成了月光，余下的三分啸成剑气，绣口一吐就半个盛唐。"李白如果能穿越古今，大概也不会再汲汲于功名，而是笑傲于诗名吧。

杜甫：被现实碾压，却依然热爱这个世界

如果说李白奏响了大唐盛世最强音，那么杜甫就是在为"消失的强音"唱哀歌。杜甫与李白相比，留给世人的印象无疑是沉重的。他心怀天下，对"朱门酒肉臭，路有冻死骨"的贫富对比感到触目惊心；他忧国忧民，面对着连绵的烽火，感慨"感时花溅泪，恨别鸟惊心"，自己也头发稀疏，年老体衰，"浑欲不胜簪"；他对于苦兵役进行揭露，一老妇三子全部上了战场，一边面临痛丧爱子的伤痛，一边还得被迫上前线为戍守的战士做饭，"夜久语声绝，如闻泣幽咽"，幽咽的又何止是老妇人，更有杜甫一颗残损的心。

杜甫给人的印象，始终是愁苦的。其实杜甫生命中的亮色也有不少，年少读书和宦游的日子都给杜甫带来无穷的快乐。杜甫，字子美，祖籍襄阳。他的家境殷实，祖父是"文章四友"之一的杜审言，胡应麟在《诗薮》中称赞杜审言："初唐无七言律，五言亦未超然。二体之妙，杜审言实为首倡。"出生于这样的书香门第，杜甫从小就接受了非常正统的儒家教育，文学造诣颇高，只是在当时不被重视。连他自己也在《戏为六绝句（其二）》中表达自己的愤懑："王杨卢骆当时体，轻薄为文哂未休。尔曹身与名俱灭，不废江河万古流。"意思是，自己的文章如同王杨卢骆一样，不被赏识，但是这丝毫不影响"江河万古流"。

正是因为殷实的家庭，让杜甫得以有机会去四方游历。"放荡齐赵间，裘马颇清狂"，此时的杜甫将自己比作"纵壑鱼"。"纵壑鱼"见于《将适吴楚，留别章使君留后，兼幕府诸公，得柳字》中"昔如纵壑鱼，今如丧家狗"句，纵横鱼即比喻海阔凭鱼跃的畅快肆意，杜甫认为早年的境遇令他十分满意。而杜甫的过去有多适意，后半生就有多凄惶，如同丧家之犬一样，令人扼腕叹息。

杜甫先后经历过两次科考失败。天宝六载（747年）的那次科考，杜甫更是

成为李林甫"野无遗贤"荒唐闹剧的受害者而名落孙山。此时的杜甫困居长安，用他自己的话来说就是"衣不盖体，常寄食于人，窃恐转死沟壑"。他开始干谒权贵，渴望通过这样一条道路实现自己"致君尧舜上，再使风俗淳"的政治理想与抱负。"朝扣富儿门，暮随肥马尘，残杯与冷炙，到处潜悲辛"，是他这一时期的真实写照。

蹉跎了几年后，杜甫终于迎来一个大展身手的机会。他向唐玄宗进献了《朝献太清宫赋》《朝享太庙赋》《有事于南郊赋》三篇赋，受到唐玄宗的礼遇，得以进入集贤院。

安史之乱后，杜甫被叛军俘虏。据《新唐书》中记载："肃宗立，自鄜州羸服欲奔行在，为贼所得。"但好在他最终逃脱了。这一路的奔亡，杜甫看到动乱后的大唐王朝生灵涂炭、满目疮痍，这一切都让他触目惊心，忧思难忘。杜甫一家在鄜州，"弥年艰窭，孺弱至饿死"，杜甫的小儿子竟然被饿死了。白发人送黑发人，杜甫此时是何等伤心啊！

杜甫敢于直谏、不懂明哲保身的直臣做法，自是为当时的朝廷所不容。杜甫经常称呼自己为"腐儒"，如《宾至》中所说"竟日淹留佳客坐，百年粗粝腐儒餐"，《题省中院壁》中说"腐儒衰晚谬通籍，退食迟回违寸心"，这大概是杜甫对自己"毫无建树"的感慨，也是他得不到当权者和同僚的理解的自嘲。苦心孤诣，换来的不过是一再的失望。

目睹山河破碎的杜甫，写下了许多忧国忧民的诗句，他看尽了"流血涂野草，豺狼尽冠缨"的人间惨景，也写"三吏""三别"直指政治的黑暗。此时的他已经须发尽白、牙齿松动。"况我堕胡尘，及归尽华发""男儿生无所成头皓白，牙齿欲落真可惜"等描摹得都是他经历动乱后的真实状态。

尽管如此，杜甫还是痴心不改。他在《归燕》中写道："不独避霜雪，其如俦侣稀。四时无失序，八月自知归。春色岂相访，众雏还识机。故巢傥未毁，会傍主人飞。"杜甫在这首诗中表达自己想要像燕子一样南迁，但是仍没有放弃政治理想，"故巢傥未毁，会傍主人飞"足以说明如果有机会得以起复，杜甫还是愿意再次鞠躬尽瘁。当杜甫在严武的举荐下做了检校尚书工部员外郎后，他写下"赤管随王命，银章付老翁。岂知牙齿落，名玷荐贤中"。此时老迈的杜甫属于虽然牙齿摇落，但内心再次焕发生机。"谢朓每篇堪讽诵，冯唐已老听吹嘘。"杜甫将自己比作冯唐，表达自己虽然一把年纪，但仍然可以为国效力的壮志雄心。

然而，杜甫在生命走到尽头时也没能回到长安，完成还朝的愿望。据《旧唐书》中记载，永泰二年（766年），杜甫"啖牛肉白酒，一夕而卒于耒阳，时年五十九"。一颗寂寞的灵魂终归故乡，带着他对山河无限的热忱，对王朝无限的报效心力。杜甫"数尝寇乱，挺节无所污，为歌诗，伤时桡弱，情不忘君，人怜其忠云"。忠君爱国、怜贫爱弱，即便深陷险境也不堕其志，即便报国无门也随时等待国家的召唤，这就是伟大的爱国主义诗人杜甫。

王维的深情：一半念红尘，一半归田园

谈到王维，人们会想起他笔下的"大漠孤烟直，长河落日圆"的旷远和"明月松间照，清泉石上流"的幽静；会想到王维"诗中有画，画中有诗"的艺术成就；会羡慕他隐居山水田园的惬意。可是，很少有人知道，这位大诗人竟然是当时科举考试的第一名，是名副其实的状元郎。

王维，字摩诘。少年失怙的他，和弟弟在母亲的教导下长大。据《旧唐书》中记载："与弟缙俱有俊才，博学多艺亦齐名，闺门友悌，多士推之。"从《旧唐书》的只言片语中，可以推测王维是一个英俊潇洒、文采卓然、友爱弟兄的人。而且王维还多才多艺，在音律、书画、诗词等方面都有颇高的造诣。

《集异记》中记载，王维"性娴音律，妙能琵琶，游历诸贵之间，尤为岐王之所眷重"。王维进京参加科举考试，最先获得岐王的赏识。当时他最大的竞争对手是张九皋，张九皋的背后有公主的支持。于是岐王就让王维去拜谒公主。王维扮成伶人弹奏了一曲《郁轮袍》，满座皆惊。紧接着王维将自己的诗作呈现给公主，公主看到王维的诗词后，感到十分震惊，她说："皆我素所诵习者。常谓古人佳作，乃子之为乎？"公主的床头读物竟然是王维的作品。受到公主赏识的王维果然获得了第一名。《新唐书》没有提及这件事情，虽然不知道这件事到底真假如何，但王维出众的文才应该是不容忽视的。

因诗成名的王维，享受了高规格的待遇，"凡诸王驸马豪右贵势之门，无不拂席迎之"。但王维其实是不屑与权贵交往的，他的《不遇咏》似乎道尽了他人生的信条。"百人会中身不预，五侯门前心不能。"他不愿意违背内心的原则去逢迎权贵。他也十分鄙视人们自私自利的行为，"今人作人多自私，我心不说君应知"。王维的信仰是"济人然后拂衣去，肯作徒尔一男儿"，成就一番伟业后就功成身退，过上闲居的生活。但他的棱角渐渐被现实磨平，再加上他信佛，这些加起来造就了别样的王维。

王维进士及第时年仅二十岁，意气风发。和他同时代的许多文人都没有取得像他一样的成绩。而杜甫、孟浩然等的科举考试，简直是一把"辛酸泪"。王维这位少年英才似乎没有像李白、杜甫那样有强烈的事业心，与李白的豪迈、杜甫的苦闷相比，本能凭借科举一展壮志凌云的王维始终是平淡且深情的。

王维胸中有"大漠孤烟直，长河落日圆"的豪迈辽阔，但却落脚于"萧关逢候骑，都护在燕然"这些细节上。王维似乎"收"得恰到好处，仿佛一个高超的跳水运动员，摆出十分漂亮的姿势，猛然跳水，却不激起一丝水花。要想在官场上找寻他，他早已入山林闲居。遇到他，他可能平淡中略带一丝兴奋地和你说："空山新雨后，天气晚来秋。"

叶嘉莹说王维是"仕隐两得"。王维在"隐居"的同时，始终表现出对亲友的关怀与慰藉。他不是离群索群、与世隔绝，只是在行为上远离纷扰尘嚣，而心灵上永远保持敏感与悲悯，以己度人，去真正关切自己的亲友。比如他送别落第的朋友綦毋潜时说道:"圣代无隐者,英灵尽来归。遂令东山客,不得顾采薇",鼓励他不要被一时的苦难打倒,要积极进取,相信未来可期;送别孟浩然,他说:"杜门不复出,久与世情疏。以此为良策,劝君归旧庐。醉歌田舍酒,笑读古人书。好是一生事,无劳献子虚。"他完全是出于自身和孟浩然处境的考量,希望孟浩然寄情于山水,不必再到官场中的倾轧中去;在《送元二使安西》中,他又担心朋友前路未定,孤单寂寥,写下"劝君更尽一杯酒,西出阳关无故人"的深切担忧;甚至细腻到看到别人分别,王维也会心有戚戚,写道"吾亦辞家久,看之泪满巾"。

"红豆生南国,春来发几枝。愿君多采撷,此物最相思。"王维给人的感觉始终是温暖的,就像冬日中午的太阳,和煦而不灼热。"且共登山复临水,莫问春风动杨柳。"面对这样的人,我们似乎无须太多的言语,只需要和他一样静观水流,夜叹落花,于平淡中采撷最深的相思。

从寒素子弟到名满天下,白居易到底经历了什么

在唐朝,有一位凭借自己的才华与能力,一路过关斩将,名满天下,并始终践行自己的信仰与主张的人,他就是白居易。白居易自幼就"聪慧绝人,襟怀宏放",而且还很努力,用他自己的话说就是"昼课赋,夜课书,间又课诗,不遑寝息矣。以至于口舌成疮,手肘成胝。既壮而肤革不丰盈,未老而齿发早衰白,瞀瞀然如飞蝇垂珠在眸子中者,动以万数"。从早到晚都忙着学习,没时间睡觉。以至于口舌生疮,胳膊肘磨出老茧,皮肤也皱皱巴巴的,还没老牙齿已经松动,头发已经花白,眼睛已然昏花。

白居易的辛苦总算没白费,贞元十四年(798年),白居易高中进士。他不无骄傲地写下"慈恩塔下题名处,十七人中最少年"。在"三十老明经,五十少进士"的古代科举背景下,白居易二十七岁登第是十七人中最年少的,这是他

足以自豪的事情。白居易是十足的学霸，他在十年中分别通过了进士科、书判拔萃科、制举三科考试，他在给好友元稹的书信中提到："初应进士时，中朝无缌麻之亲，达官无半面之旧；策蹇步于利足之途，张空拳于战文之场。"无权无势的白居易完全是靠自己的努力在文坛站稳脚跟的。

功成名就的白居易并没有迷失本心，他始终本着儒家士大夫的忠君爱国的操守与理念默默耕耘。他对朝廷大事直言不讳，比如，他反对宦官吐突承璀做统帅这件事就遭到唐宪宗的不满。又如，他仗义执言，为被宦官殴打的元稹说话，直指皇帝的过失与对朝事未来的担忧："今中官有罪，未闻处置；御史无过，却先贬官。远近闻知，实损圣德。臣恐从今已后，中官出使，纵暴益甚，朝官受辱，必不敢言。纵有被凌辱殴打者，亦以元稹为戒，但吞声而已。陛下从此无由得闻。"所谓忠言逆耳，但并不是所有人都喜欢听逆耳的忠言。白居易的所作所为让唐宪宗尤为恼火，唐宪宗对宰相李绛说："白居易小子，是朕拔擢致名位，而无礼于朕，朕实难奈。"幸亏李绛从中劝导说："居易所以不避死之诛，事无巨细必言者，盖酬陛下特力拔擢耳，非轻言也。陛下欲开谏诤之路，不宜阻居易言。"李绛劝导唐宪宗不要闭塞言路，因此白居易才没有遭到贬谪。

元和十年（815年），宰相武元衡被刺客暗杀，"居易首上疏论其冤，急请捕贼以雪国耻"。然而有大臣认为白居易已经不是谏官，再做谏官的事不合适。和白居易平时关系不睦的人，"掎摭居易，言浮华无行"，指责白居易言行浮华，白居易被贬谪为江州司马。在这样的背景下，白居易结识了浔阳江头的琵琶女，写出"大弦嘈嘈如急雨，小弦切切如私语。嘈嘈切切错杂弹，大珠小珠落玉盘"的千古名句，也生发出对琵琶女的无限同情和哀悯。

白居易虽然政治上不得志，但诗名却在文坛上响当当。他和元稹等组成的"元白诗派"注重写实，追求"老妪能解"。他主张"文章合为时而著，歌诗合为事而作"，写出了《卖炭翁》《织妇词》《田家词》等许多现实主义作品，反映了民情民心。

白居易的诗作受欢迎到什么程度呢？歌妓都以争唱白居易的诗词为荣。他在给元稹的信中写道，有歌妓自夸"我诵得白学士长恨歌，岂同他哉"。于是身价大增。有一次，参加宴会的白居易受到歌妓的热烈欢迎，问他"此是《秦中吟》《长恨歌》主耳"，还说"自长安抵江西三四千里，凡乡校、佛寺、逆旅、行舟之中，往往有题仆诗者；士庶、僧徒、孀妇、处女之口，每每有咏仆诗者"。

白居易的诗名甚至传到了日本，《史馆茗话》中记载，日本的嵯峨天皇比较擅长辞藻。一日，他幸河阳馆，题了一联："闭阁唯闻朝暮鼓；登楼遥望往来船。"他拿给一位大臣看。大臣就说将"遥"改成"空"更好一些。天皇感到十分惊骇，问道"你难道知道这句诗吗"，这位大臣回答说"不知道"。嵯峨天皇感叹，白居易的诗歌，本来写作"空"，我给改成了"遥"，你真的是白居易的知己啊！

人们称呼白居易为"诗魔"，但是他更喜欢"诗仙"的称号。他自述："知我者以为诗仙，不知我者以为诗魔。何则？劳心灵，役声气，连朝接夕，不自知其苦，非魔而何？偶同人当美景，或花时宴罢，或月夜酒酣，一咏一吟，不觉老之将至。虽骖鸾鹤游蓬瀛者之适，无以加于此焉，又非仙而何？"

白居易死于会昌六年（846年），葬于洛阳。唐宣宗李忱写诗吊唁他：

缀玉联珠六十年，谁教冥路作诗仙？

浮云不系名居易，造化无为字乐天。

童子解吟长恨曲，胡儿能唱琵琶篇。

文章已满行人耳，一度思卿一怆然。

能让皇帝写诗悼念，这是很高的荣誉了。李白放浪形骸难以模仿，杜甫苦吟又太过悲愁，白居易的一生为普通人指引了一条道路，勤奋努力、脚踏实地做自己认为对的事，也可以获得成功。

论绝望，李贺称第二，没有人敢称第一

如果说前几位大诗人宏图未展，壮志难酬，在官场上郁郁不得志，那这位诗人的志向则直接被扼杀在了摇篮里，其命运更加悲惨，人生更加无望，他就是"诗鬼"李贺。

据《新唐书》中记载："李贺字长吉，系出郑王后。七岁能辞章，韩愈、皇甫湜始闻未信，过其家，使贺赋诗，援笔辄就如素构，自目曰《高轩过》，二人大惊，自是有名。"李贺是一个天才儿童，才气受到了韩愈、皇甫湜的赏识。本来前途一片大好的他，却在参加进士考试的时候遭遇了滑铁卢。

李贺去长安参加进士科考试，本是胸有成竹的事情。没想到在这个节骨眼上，李贺的"政审"却出了问题。嫉妒李贺的人反映，李贺的父亲名叫"晋肃"，"晋"与进士的"进"犯"嫌名"，所以他无缘科考。这在如今看来是如此离谱的事，却真实发生在唐朝。韩愈写了一篇《讳辩》专门为李贺争辩，他气愤地说："父名晋肃，子不得举进士，若父名仁，子不得为人乎？"难道父母的名字为"仁"，孩子就不能做人了吗？但韩愈的声辩并没有改变李贺的结局，李贺还是带着不甘、愤懑与遗憾离开了长安。

"雪下桂花稀，啼乌被弹归。关水乘驴影，秦风帽带垂。入乡诚可重，无印自堪悲。卿卿忍相问，镜中双泪姿。"兴致勃勃而来，失意颓然而归。可以想见，一头瘦驴驮着一个失意的人，映着落日余晖，是多么黯淡、落寞！

之后，虽然李贺也曾经人推荐做过奉礼郎这样的芝麻小官，但始终没有和当时不公的世界和解，郁郁不得志成为他人生的主旋律。

李贺的生活过得十分清苦，经常吃不饱饭，他曾呼号"家门厚重意，望我

饱饥腹"。也是在此时期，他写了许多揭露社会现实、鞭笞社会黑暗的诗句，奠定了他在中唐诗坛的地位。

对于李贺作诗，李商隐在《李长吉小传》中有这样的记载："恒从小奚奴，骑距驴，背一古破锦囊，遇有所得，即书投囊中。及暮归，太夫人使婢受囊出之，见所书多，辄曰：'是儿要当呕出心乃已尔！'"

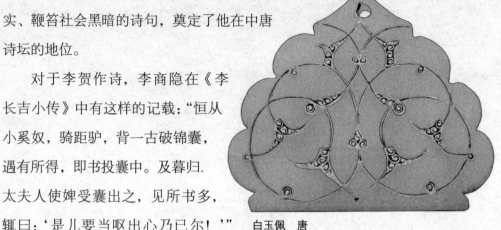

白玉佩　唐

意思是，李贺整天骑着驴，背着一个小背囊外出，一有灵感，就赶紧记下来投入囊中。到了晚上，李贺的母亲就让婢女收拾李贺的小背囊，如果遇到小纸条多的时候，就说："是我的儿子呕出心血所得的呀！"

李贺也曾有过豪情壮志，他在《南园十三首·其五》中写道："男儿何不带吴钩，收取关山五十州。请君暂上凌烟阁，若个书生万户侯？"但是他根本没有施展的机会。仕途无望，长时间的苦思冥想、胸中积攒的郁闷之气难以挥发，这些慢慢地将李贺的身体压垮了，年仅二十七便丢了性命。该是多么愁苦与不甘，才能将一个未及而立之年的饱学之士的精神与身体双双击垮。

据《李贺小传》中记载，李贺在将死之际，看见了一个身着绯衣的人征召他去，他说："阿弥老且病，贺不愿去。"李贺惦念着母亲不肯离去。绯衣人笑着说："帝成白玉楼，立召君为记。天上差乐，不苦也。"李贺听了流泪，旁边的人都看见了。不一会儿，李贺便去世了。"长吉气绝。常所居窗中，勃勃有烟气，闻行车嘒管之声。"从李贺临死之际这段奇幻的故事可以窥见李贺心之所系。"不苦"是李贺魂牵梦萦之事，想必在天帝跟前当差，这位不被世间宠爱的诗人可以真正做到不苦了吧！